GOLDMANN
Lesen erleben

Buch

Mal ehrlich: Wollen Sie wirklich wütend sein? Der Strafverteidiger Leonard Scheff, der sich regelmäßig im Gerichtssaal in Rage redete, um so an Überzeugungskraft zu gewinnen, erkannte, dass die Antwort auf diese Frage eindeutig »Nein« lauten muss. Wut ist schädlich und zerstörerisch. Und ob Sie's glauben oder nicht, Wut existiert nur im Bewusstsein des wütenden Menschen.

Scheff nutzt die Weisheit des Buddhismus, um aufzuzeigen, welche Mechanismen Wut auslösen und wie Sie sie loswerden können. Sie lernen, über sich selbst zu lachen – ein wichtiger erster Schritt, um Ihr Verhalten zu ändern. Sie lernen, mit der Wut anderer umzugehen, und schließlich werden Sie sogar in der Lage sein, Wut in Mitgefühl zu verwandeln. Mit diesem leicht nachvollziehbaren, interaktiven Anti-Ärger-Programm bekommen Sie nicht nur Ihre Wut in den Griff, sondern werden zudem glücklicher und zufriedener. Denn die befreiende Erkenntnis lautet: Nur Sie selbst können sich wütend machen. Also, warum denn gleich in die Luft gehen?

Autoren

Leonard Scheff ist Anwalt und Buddhist und leitet seit 15 Jahren Seminare zum positiven Umgang mit Wut. Er lebt in Tucson, Arizona.

Susan Edmiston ist Zen-Buddhistin und schreibt für *The New York Times Magazin*, *The New York Times Book Review*, *Esquire* und andere Zeitschriften. Sie lebt in Berkeley, Californien.

Leonard Scheff, Susan Edmiston

[redacted]

So bleiben Sie gelassen

Aus dem Amerikanischen
von Erna Tom

GOLDMANN

Alle Ratschläge in diesem Buch wurden von den Autoren und vom Verlag sorgfältig erwogen und geprüft. Eine Garan- [redacted]. Eine Haftung [redacted] seiner Beauf- [redacted]äden ist daher [redacted]

MIX
Papier aus verantwortungsvollen Quellen
FSC® C014496
FSC www.fsc.org

Verlagsgruppe Random House FSC-DEU-0100
Das für dieses Buch verwendete FSC®-zertifizierte Papier *Classic 95*
liefert Stora Enso, Finnland.

1. Auflage
Deutsche Erstausgabe Dezember 2011
Wilhelm Goldmann Verlag, München,
in der Verlagsgruppe Random House GmbH

Originaltitel: The Cow in the Parking Lot
Originalverlag: Workman Publishing Company, New York
Published by arrangement with Workman Publishing Company, New York
Umschlaggestaltung: Uno Werbeagentur, München
Umschlagillustration: Workman Publishing Company
Redaktion: Vera Serafin
Satz: Uhl + Massopust, Aalen
Druck und Bindung: GGP Media GmbH, Pößneck
KW · Herstellung: IH
Printed in Germany
ISBN 978-3-442-17293-1

www.goldmann-verlag.de

Zum Andenken an meinen Freund
und Lehrer John Clayton Bilby

Inhalt

Sie wollen die Eröffnung eines neuen großen Einkaufszentrums am Stadtrand besuchen. Seit zehn Minuten sind Sie auf der Suche nach einem Parkplatz. Endlich entdecken Sie, dass ein Mann in sein Auto steigt und Anstalten macht, aus der Parklücke herauszufahren. Sie setzen den Blinker und warten, bis das Auto herausfährt. Plötzlich kommt von der anderen Seite ein Jeep angebraust und fährt in die soeben freigewordene Parklücke. Aber als wäre das nicht schon ärgerlich genug: Als Sie hupen, steigt der Fahrer aus, grinst und zeigt Ihnen den Stinkefinger. Macht Sie das wütend?

Nun verändern Sie die Situation im Geiste ein klein wenig. Stellen Sie sich vor, anstatt eines frechen Jeepfahrers trottet eine Kuh von der anderen Seite in die Parklücke und macht es sich dort bequem. Als Sie hupen, hebt die Kuh den Kopf, muht und bewegt sich kein Stück. Sind Sie jetzt auch wütend?

Die Kuh in der Parklücke
Eine zeitgenössische Zen-Parabel

Einleitung

Für die meisten Menschen wäre es wünschenswert und sogar notwendig, die Wut aus ihrem Leben zu verbannen. Dennoch scheint dieser Zustand eher zuzunehmen, er hat inzwischen sogar ausgesprochen zerstörerische Züge angenommen. Wir beobachten zunehmende Wutausbrüche nicht nur in der Öffentlichkeit, zum Beispiel im Straßenverkehr, sondern auch bei Ausschreitungen in Ehe oder Beziehung, in den Medien, wo Fernseh- und Radiomoderatoren die harte, aufbrausende Gangart vorgeben, und hören regelmäßig von amoklaufenden Jugendlichen. Die Interessen des Einzelnen »gegen den Rest der Welt« gilt es um jeden Preis durchzusetzen, ganz egal mit welchen Mitteln.

Die Angst vor Gewalttätern, die ihre Aggressionen mit Mord und Totschlag ausleben, nimmt zu und gehört inzwischen zu unserem Alltag.

Was lässt jedoch einen Menschen wütend werden, und weshalb nehmen die Eskalationen derart zu?

An und für sich ist Wut zunächst eine ganz normale menschliche Regung. Jeder ist mitunter wütend. Irgendjemand hat einmal den Dalai Lama gefragt, was er von Menschen halte, die die Weisheiten des Buddhismus studieren, um dann mit diesem Wissen Geld zu verdienen. Er begann seine Entgegnung zunächst ruhig und gelassen, schließlich jedoch wurde er ganz rot im Gesicht. Auch der Dalai Lama, dieses Vorbild an Geduld und Mitgefühl, ist laut eigenen Angaben manchmal wütend. Das Ziel dieses Buches liegt nicht darin, die Wut als solche auszumerzen, sondern einen neuen, besseren Umgang mit ihr aufzuzeigen.

Schließlich bietet es auch Alternativen zur Wut an, die auf buddhistischen Lehren beruhen, da Wut ja häufig auch deshalb so zunimmt, weil keine andere Möglichkeit der Reaktion auf eine Situation gesehen wird.

Dabei wird keine religiöse Überzeugung vorausgesetzt oder vermittelt, auch keine Psychotherapie, sondern es geht hierbei um das Bewusstwerden im Sinne eines Ausspruchs des Gestalttherapeuten Fritz Perls:

»Bewusstsein ist allein schon Therapie.«

Stark vereinfacht ausgedrückt, beinhaltet unser Buch folgende Botschaft: Wenn Sie aufhören, sich mit dem Hammer auf die Hand zu hauen, wird es Ihnen besser gehen.

Wir werden in gewisser Weise dazu erzogen, Wut als Mittel einzusetzen, um etwas zu erreichen. Die meisten von uns stellen dieses Vorgehen überhaupt nicht in Frage und sind sich auch der daraus entstehenden Konsequenzen nicht bewusst. Ich habe in meinen Seminaren immer wieder feststellen können, dass Ärger sich auflöst, sobald Menschen erkennen, dass es eine Alternative dazu gibt.

Der dritte Grund für die hartnäckige Existenz von Wut ist der, dass sie süchtig macht. Das Gefühl der Wut geht einher mit einem körperlichen und emotionalen Rauschgefühl. Dabei kommt es zu einem Adrenalinausstoß, der wiederum zu einem Anstieg des Blutdrucks führt. Dieser Zustand macht süchtig, ebenso wie Rauchen oder Trinken. Aber wie jede andere Sucht fordert auch die Wut ihren Tribut, sie kann zum gefürchteten Herzinfarkt, einem Schlaganfall und anderen gesundheitlichen Problemen führen. Immer wieder hörte ich folgenden Satz: »Ich fühle mich nur dann wirklich lebendig, wenn ich wütend bin.« Das ist genauso, als würde man behaupten: »Ich fühle mich nur dann wirklich gesund, wenn ich rauche.« Beide Aussagen stellen eindrucksvolle Beispiele dafür dar, wie verhängnisvoll es sein kann, wenn wir im »Maya« leben, in einer Welt der Illusionen, wie es im Buddhismus heißt, in der geistigen Verblendung, die durch unsere eigenen Gedanken erzeugt wird.

Eine gewöhnliche Sucht wie Rauchen oder Trinken

aufzugeben, ist auch deshalb so schwer, weil man sich nach dem Verzicht auf das Suchtmittel vielleicht wochen-, monate- oder gar jahrelang schlecht fühlt. So manch trockener Alkoholiker gesteht: »Es gibt keinen einzigen Augenblick, in dem ich mich nicht nach einem Schluck sehnen würde.«

Bei der Wut verhält es sich jedoch anders. Die gute Nachricht lautet nämlich, dass Sie sich, wenn Sie sich entschließen, nicht wütend zu sein oder Ihre Wut nicht auszuleben, sofort besser fühlen. Wenn Sie diese Wirkung einmal erlebt haben, werden Sie garantiert nicht mehr zu Ihrem alten Verhalten zurückkehren wollen.

Es gibt Menschen, die davon überzeugt sind, dass Wut notwendig oder sogar nützlich ist. Da ist durchaus etwas Wahres dran, denn wenn wir in Rage geraten, kann dies auch ein Hinweis dafür sein, dass etwas mit uns oder mit unserem Umgang mit anderen ganz und gar nicht in Ordnung ist. Wut kann uns auch veranlassen, aktiv zu werden, wenn etwas gegen unser moralisches Empfinden verstößt. Wenn wir beispielsweise mitansehen, wie ein Kind misshandelt wird, empfinden wir Wut, die wir auch als moralische Entrüstung bezeichnen. Wenn wir jedoch eine Lösung nur hitzköpfig durchzusetzen versuchen, verschlimmern wir die Situation unter Umständen eher. Wenn Sie mitansehen, wie eine Mutter ihr Kind ohrfeigt, geraten Sie möglicherweise in Versuchung einzugreifen. Das könnte zwar die Misshandlung des Kindes für den Augenblick beenden, aber die Mutter könnte gerade diese Einmischung dazu veranlassen, ihr Kind später erneut zu schlagen.

Wenn Sie allerdings einen kühlen Kopf bewahren, fällt Ihnen vielleicht ein Weg ein, der den Konflikt zwischen Mutter und Kind zumindest nicht zusätzlich verschärft. Wenn Sie sich beispielsweise einfach zu den beiden setzen, würde dies die Mutter, die sich beobachtet fühlt, daran hindern, ihr Kind zu schlagen. Das könnte zumindest eine vorübergehende Lösung darstellen, vielleicht zu einem ruhigen Gespräch führen und so die Wut auf das Kind beenden.

Gerade bei einer solchen Entrüstung ist es notwendig, innezuhalten und zu überlegen, welche Lösung der Situation am zuträglichsten ist. Wenn wir nur aus der Wut heraus handeln, ohne die Folgen zu bedenken, verlieren wir unser Ziel aus den Augen und reagieren uns nur ab. Am Ende würde die Situation vielleicht eskalieren, anstatt sich zu verbessern. Bei bestimmten Kampfsportarten kann zum Beispiel ein von Wut bestimmtes Handeln dazu führen, dass der Kampf verloren wird.

Viele Menschen glauben, dass sie gar nicht anders können, als ihrem Ärger freien Lauf zu lassen. Sie sehen keinen Unterschied zwischen dem Empfinden und dem Ausleben von Wut und sind davon überzeugt, dass sie ihre Gefühle nicht kontrollieren können und ihnen hilflos ausgeliefert sind. Ein in diesem Buch vorgestellter Lösungsansatz besteht im Unterscheiden zwischen dem Entstehen von Wut und dem daraus resultierenden Handeln.

Wenn Sie die Techniken dieses Buches mit zunehmendem Erfolg anwenden, werden Sie unweigerlich eine Steigerung Ihres Selbstwertgefühls erleben. Sie werden jetzt nämlich nicht mehr von Ihrer Wut beherrscht, sondern Sie selbst beherrschen Ihre Wut. Im Gegensatz zu dem Selbstwertgefühl, das von außen genährt wird (»Du siehst heute aber gut aus!«, »Das war eine großartige Leistung!«), ist dieses Gefühl nicht von der Beurteilung anderer abhängig.

Wahrscheinlich werden Sie unseren Ausführungen zunächst mit einer gewissen Skepsis begegnen, das wäre auch nur zu verständlich und sogar vernünftig. Die Vorstellung, ohne Wut auskommen zu können, steht wahrscheinlich im Gegensatz zu dem, was Sie bisher erlebt haben. Mir ging es genauso, als ich 1993 in Tucson, Arizona, zum ersten Mal ein Seminar des Dalai Lama besuchte.

Dort erfuhr ich etwas für mich gänzlich Neues, nämlich, dass Wut etwas Zerstörerisches ist und dass man sehr wohl ohne sie leben kann. Als Mitglied einer bekanntlich streiterprobten Berufsgruppe hatte ich bis dahin angenommen, dass Wut nicht nur notwendig und nützlich, sondern sogar ein fester Bestandteil meiner Persönlichkeit sei.

Je klarer mir im Laufe des Seminars wurde, dass mein Leben nach Meinung des Dalai Lama ohne Wut besser verlaufen würde, desto unwohler fühlte ich mich damals. Ich war nämlich der Überzeugung, dass meine Wut mich vor einer bösen Welt schützte und mir die Möglichkeit gab, meine Mitmenschen zu beherrschen. Ich saß also da und musste mir etwas anhören, das mir absolut gegen den Strich ging. Im Stillen dachte ich: Der Mann ist ja wirklich nett, aber wenn er glaubt, dass ich auf Wut verzichten kann, dann irrt er sich gewaltig. Und das dachte ich selbst dann noch, als ich nach vier Tagen das Seminar verließ.

Als ich am darauffolgenden Abend nach Hause fuhr, schnitt mich ein anderes Auto so knapp, dass ich zu einer Vollbremsung gezwungen war. Ich hupte. Der Fahrer wendete den Kopf in meine Richtung und rief mir ein Schimpfwort zu. Mein erster Impuls war, sein Auto zu rammen oder ihm zumindest auch etwas Unflätiges zuzurufen. Aber ich besann mich eines Besseren – ich wollte wenigstens versuchen, das im Seminar des Dalai Lama Erfahrene anzuwenden. Ich überlegte, was genau mich wütend machte, und stellte fest, dass es die Tatsache war, von einem völlig Fremden respektlos behandelt zu werden. Ich erkannte darüber hinaus, dass seine Beschimpfung an sich mir nicht geschadet hatte, und dass ich selbst es war, der der Sache eine solch schlimme Bedeutung verlieh. Als ich das begriffen hatte, musste ich laut über mich selbst lachen. Erst da wurde mir klar, um wie viel leichter es war zu lachen, als vor Wut zu schäumen.

In dieser Situation habe ich zum ersten Mal verstanden, was der Dalai Lama gelehrt hatte, und von diesem Moment an begann ich, seine Lehre bewusst zu studieren und tatsächlich anzuwenden. Je öfter ich dies in der Folgezeit tat, umso angenehmer gestaltete sich mein Leben. Ich begriff, welchen Preis und welche Nachteile meine Wutausbrüche hatten. Es gelang mir sogar, eine bessere Ehe zu führen, denn meine Frau und ich machten zu jener Zeit gerade eine schwierige Phase in unserer Beziehung durch. Meine Arbeit als Anwalt empfand ich plötzlich als weniger stressig, dafür war ich überraschenderweise erfolgreicher.

Als ewig wütender Anwalt hatte ich jede Unterredung mit dem Gegenanwalt sinngemäß so begonnen: »Was zum Teufel bildet sich Ihr Klient eigentlich ein?« Dass die Schuld bei meinem Klienten liegen könnte, kam mir gar nicht in den Sinn. Es erübrigt sich wohl zu erwähnen, dass ich damals nicht viele Fälle beilegen konnte. Jetzt beginne ich eine Unterredung bevorzugt folgendermaßen: »Ich bin mir nicht sicher, ob mir ausreichend Informationen vorliegen. Wären Sie so freundlich, mir die Position Ihres Klienten zu erläutern?« Oder ich räume ein, dass mein Klient vielleicht etwas versäumt hat, beispielsweise einen wichtigen Passus im Kaufvertrag ausgelassen hat. Das Ergebnis ist, dass beide Kontrahenten weniger Streitlust entwickeln und die Auseinandersetzungen schneller beigelegt werden.

Ich war plötzlich glücklicher als jemals zuvor, ja sogar glücklicher, als ich es mir je hatte vorstellen können. Weil ich andere an meinen Erfahrungen teilhaben lassen wollte, entwickelte ich ein dreistündiges Seminar mit dem Titel »Ein anderer Umgang mit der Wut«, in dem ich die Lehre des Dalai Lama denen nahebringen wollte, die bis dahin noch keine Erfahrungen mit dem Buddhismus gemacht hatten. In diesem Seminar vermittelte ich auch Übungen und Techniken aus anderen Fachrichtungen. Als man mir riet, ein Buch zu schreiben, tat ich das, um so ein breiteres Publikum zu erreichen und vielleicht sogar ein klein wenig die Welt verändern zu können.

Ich orientierte mich an dem Buch *Zen des Laufens* von Fred Rohe, und zwar wegen seiner Einfachheit. Die beiden darin enthaltenen Hauptgedanken lauten: Wer laufen will, fängt langsam damit an und setzt es so fort, dass es auch weiterhin Spaß macht. Keinesfalls sollte man versuchen, am ersten Tag zehn Kilometer zu laufen. Es steht Ihnen natürlich frei, es dennoch zu tun, aber höchstwahrscheinlich wird aus Ihnen nie ein Läufer werden, denn bewusst oder unbewusst werden Sie auf Dauer nichts machen wollen, was dermaßen anstrengend ist. Auch sollten Sie Zeit und Ort so auswählen, dass Ihnen das Laufen leichtfällt. Wenn es Ihnen nämlich keinen Spaß macht, halten Sie auch nicht lange durch.

Ich habe versucht, diese Grundsätze auch beim Thema Wut zu berücksichtigen, das heißt, ich wollte jeden Schritt in dem Prozess so einfach wie möglich gestalten, um dann auf dem positiven Ergebnis aufzubauen, das den Prozess lohnenswert macht. Im Kapitel »Ein erster Blick auf die Wut« empfehle ich Ihnen, damit zu beginnen, auf die kleinen Dinge zu achten, die Wut erzeugen, und die tieferen Ursachen des Schmerzes zu ignorieren. Alles andere käme der Anstrengung gleich, am ersten Tag zehn Kilometer zu laufen.

Sie müssen keine schwierigen Lebensphasen analysieren. Es geht hier nicht um eine psychologische Bestandsaufnahme. Um dieses Buch zu verstehen ist es auch nicht notwendig, in die Tiefen des Unbewussten vorzudringen. Je besser Sie mit Ihrer Wut umgehen können und je mehr Sie verstehen, was Sie an den kleinen Dingen so nervt, desto leichter fällt es Ihnen, sich mit den größeren Problemen zu beschäftigen.

Mein Buch lädt Sie ein, mit Ihrem Leben zu experimentieren. Es ist interaktiv und mit schriftlichen Übungen versehen, anhand derer Sie Vorfälle in Ihrem Leben unter die Lupe nehmen sollen und vielleicht sogar die dahinter versteckten Motive. Es gibt keine richtigen oder falschen Antworten. Es ist die Bereitschaft, aufmerksam zu sein und sich selbst zu beobachten, die die Veränderung vorantreibt.

Und letztendlich soll dieses Buch als Anregung dafür dienen, dass Sie Ihre Ansichten über die Wut überdenken und kritisch hinterfragen, ob Sie wirklich Wut einsetzen wollen, um etwas zu erreichen. Wenn sich Ihre Ansichten dann langsam ändern, wird so auch ein neuer Blickwinkel auf die Dinge möglich, und Sie werden nie wieder auf die gleiche Weise an Wut denken oder wütend werden. Schon wenn Sie sich zum ersten Mal bewusst dafür entscheiden, nicht wütend zu sein, sind Sie auf einem sehr viel angenehmeren Weg.

Die Veränderung, die ich erlebte, nachdem ich den Dalai Lama gehört hatte, ist jedem Menschen zugänglich. Ich hoffe, dass Sie durch die Lektüre dieses Buches und die Anwendung des Gelesenen jene Zufriedenheit erleben werden, die mit dem Loslassen von Wut einhergeht, und dass die verwandten Gefühle wie Eifersucht, Missgunst und Unsicherheit ebenfalls langsam aus Ihrem Leben verschwinden werden. Ich bin mir sicher, dass sich Ihr Leben und Ihre Beziehungen zum Positiven verändern, wenn Sie die Vorschläge in diesem Buch aufgreifen und sie konsequent anwenden.

Leonard Scheff

Ein neuer Umgang mit der Wut

Sie wollen die Eröffnung eines großen neuen Einkaufszentrums am Stadtrand besuchen. Weil viele Geschäfte mit Eröffnungsangeboten locken, hat sich scheinbar die halbe Stadt dort eingefunden. Seit zehn Minuten sind Sie auf der Suche nach einem Parkplatz. Endlich sehen Sie, wie an einem geparkten Auto die Rücklichter aufleuchten. Sie setzen den Blinker und warten, bis das Auto herausfährt. Plötzlich kommt von der anderen Seite ein Jeep angebraust und drängt sich in die soeben frei gewordene Parklücke. Aber als wäre das nicht schon ärgerlich genug: Als Sie hupen, steigt der Fahrer aus, grinst und zeigt Ihnen den Stinkefinger. Ich gehe jede Wette ein, dass Sie wütend sind! Was würden Sie jetzt am liebsten tun?

- Sein Auto rammen?
- Die Luft aus den Reifen lassen?
- Mit dem Schlüssel sein Auto verkratzen?
- Mit Ihrem Lippenstift »Mistkerl« auf die Windschutzscheibe schreiben?

Zweifellos haben wir alle wenigstens eine dieser Möglichkeiten schon einmal in Betracht gezogen. Viele Filme wurden gedreht über die unglaublichen und bedauerlichen Folgen solch primitiver Rachegelüste bis hin zum Mord. Wir glauben, dass die Wut verschwindet, wenn man sie auslebt und beispielsweise das andere Auto rammt. Aber zuerst sollten wir uns überlegen, welchen Preis die jeweiligen Optionen kosten:

- Wenn Sie das andere Auto rammen, beschädigen Sie auch Ihr eigenes, und wenn der Parkwächter Sie sieht, müssen Sie zudem noch mit einer Anzeige rechnen. Zumindest aber wird der Parkwächter Ihr Kennzeichen notieren und es dem Fahrer des Jeeps hinter die Scheibenwischer stecken. Und diesem wird es ganz egal sein, ob Sie glauben, im Recht zu sein.
- Dem Fahrer des Jeeps die Luft aus den Reifen zu lassen kostet Nerven. Stellen Sie sich vor, wie angespannt Sie wären, solange die Luft aus den Reifen entweicht und Sie Angst haben müssten, dass der Fahrer jeden Moment zum Auto zurückkommt, weil er vielleicht et-

was vergessen hat. Und auch diesen Racheakt würde der Parkwächter sicher nicht als Kavaliersdelikt durchgehen lassen.

- Mit dem Lippenstift »Mistkerl« auf die Windschutzscheibe zu schreiben, ist zwar harmloser, aber selbst eine kleine Kritzelei braucht Zeit, und Sie würden damit ganz sicherlich Ihren Lippenstift ruinieren. Außerdem wäre auch das Sachbeschädigung und könnte von einem Parkwächter beobachtet werden. Sie sehen also: Es lohnt sich nicht.

Am teuersten dürfte es Sie zu stehen kommen, wenn Sie Ihre Wut weiterhin mit sich herumschleppen, vielleicht tage- oder gar monatelang, und Sie bei der Suche nach einem Parkplatz jedes Mal wieder in Rage gerieten.

Rache geht immer nach hinten los

Schließen Sie einen Moment lang die Augen, und stellen Sie sich vor, man hätte Ihnen soeben den Parkplatz vor der Nase weggeschnappt. Spüren Sie, wie Sie wütend werden. Stellen Sie sich nun weiter vor, dass Sie sich mit Hilfe einer der oben genannten oder aber einer selbst ausgedachten Vergeltungsmaßnahme rächen.

Beobachten Sie nun, ob Sie jetzt weniger wütend sind.

Sollte Ihre Antwort »Ja« lauten und Ihre Wut sogar verschwunden sein, dann denken Sie im Folgenden daran, dass dieser Rüpel Sie genötigt hat, eine gesetzeswidrige Handlung, ja vielleicht sogar eine wirklich kriminelle Tat zu begehen.

Ist Ihr Ärger tatsächlich verraucht? Jetzt fürchten Sie, dass Sie dem Fahrer begegnen oder wegen Sachbeschädigung angezeigt werden könnten.

✦ **ÜBUNG:** Schreiben Sie eine Notiz

Stellen Sie sich nun vor, Sie seien das Opfer des Parkplatzflegels geworden.

Aber anstatt nun als Vergeltung eine Straftat zu begehen, schreiben Sie dem Fahrer des Jeeps einen Zettel mit ein paar Zeilen. Fassen Sie sich kurz, aber lassen Sie ihn wissen, was Sie tun würden, wenn Sie nichts zu befürchten hätten.

✎ ______________________________

____

____

____

____

Stellen Sie sich nun eine andere Situation vor. Gleiches Szenario: Rücklichter leuchten auf, Auto fährt aus der Parklücke. Aber anstatt eines grinsenden jungen Mannes im Jeep trottet diesmal eine Kuh gemächlich in die nun freie Parklücke, um sich dort niederzulassen. Vergessen Sie nicht, dass Sie sich ja am Stadtrand befinden und die Kuh vielleicht seit Jahren jeden Nachmittag auf genau diesem Parkplatz verbringt. Als Sie hupen, hebt die Kuh den Kopf, muht und bewegt sich keinen Millimeter vom Fleck. Sind Sie jetzt wütend?

Kaum einer würde mit »Ja« antworten, sondern vielmehr sagen: »Nein, ich bin nicht wütend; ich find's komisch.« Die Frage lautet nun: Was ist diesmal anders, worin besteht der Unterschied zur ersten Situation? Dieses Buch soll Sie davon überzeugen, dass es gar keinen Unterschied gibt.

Es ist nämlich ganz egal, ob Mann im Jeep oder Kuh, es läuft auf dasselbe hinaus: Sie müssen sich einen anderen Parkplatz suchen. Das Einzige, was sich verändert, ist Ihre *Reaktion* auf das Ergebnis. Oder anders ausgedrückt: Niemand *zwingt* uns, wütend zu sein. Ärger und Wut beginnen und enden bei uns selbst.

Manch einer würde jetzt sagen, dass es hier sehr wohl einen Unterschied gibt, denn der Mann handelt mit Absicht, die Kuh jedoch nicht. Wir werden uns später eingehender mit dieser Überlegung beschäftigten, im Augenblick gehen wir nur von der Frage aus, ob die Situation

Ihre Wut und Ihren Wunsch, sie zum Ausdruck zu bringen, rechtfertigt.

Was ist gut an der Wut?

Viele von uns glauben, dass es gut ist, die Wut rauszulassen. Manche vertreten die Auffassung, es sei besser, die Wut zu zeigen – auch wenn dies nicht immer passend ist –, als sie zu unterdrücken und womöglich krank zu werden. Nach der eben beschriebenen Übung, in der Sie sich vorgestellt haben, dass das Ganze Ihnen passiert, wissen Sie jetzt wahrscheinlich, dass das Ausleben der Wut diese sogar noch verstärkt. Wenn Sie an Rache denken, wird Ihre Wut größer statt kleiner. Diesen möglichen Nutzen sollten Sie deshalb lieber von Ihrer Liste streichen.

Manch einer rechtfertigt seinen Wutausbruch als »moralische Verpflichtung«, den Missetäter zur Vernunft zu bringen oder ihn wenigstens wissen zu lassen, was man von seinem Tun hält. Nehmen wir einmal an, Sie hätten »Mistkerl« auf die Windschutzscheibe des Jeepfahrers geschrieben. Was glauben Sie, wird dieser machen, wenn er Stunden später, nach seinem Einkauf, zu seinem Auto zurückkehrt? Wählen Sie zwischen zwei Möglichkeiten:

Er schaut auf seine Windschutzscheibe und denkt:

»Mein Gott! Ich habe etwas Falsches gemacht. Ich habe einen meiner Mitmenschen verletzt. Wie dankbar bin ich doch, dass sich jemand die Zeit genommen hat, mir mein ungehöriges Verhalten vor Augen zu halten. Ich werde nie wieder einem anderen den Parkplatz wegschnappen.«

Oder er ruft nach einem Blick auf die Windschutzscheibe aus: »So ein Idiot! Sieh einer an, was dieser Spinner mit meiner Windschutzscheibe gemacht hat. Was soll das? Der kann was erleben, wenn ich ihn erwische!«

Obwohl theoretisch beide Möglichkeiten bestehen, wissen wir genau, dass im Grunde nur die zweite wahrscheinlich ist. Der Missetäter hat sich bereits durch seine Reaktion auf Ihr Hupen als wütender Mensch zu erkennen gegeben. Zweifellos hat er eine gute Begründung für sein Verhalten. »Ich hab den Parkplatz zuerst gesehen«, »Ich war in Eile und brauchte ihn dringender« und so weiter. Sein Übermaß an Wut könnte darauf hindeuten, dass er sich selbst, und das wahrscheinlich zu Recht, ungeliebt und unbeachtet fühlt. Das letzte Vorkommnis ist nur ein weiterer Beweis dafür, dass die Welt ungerecht ist. Vielleicht sind Sie der Meinung, dass es so etwas wie einen Gesellschaftsvertrag gibt, in dem festgehalten ist, dass Menschen einander anständig behandeln. Bedauerlicherweise erinnern sich viele nur dann an diesen Vertrag, wenn es um ihre eigenen Interessen geht. Wenn sie austeilen, lautet ihr Motto: »Das Leben ist hart, und nur der Stärkere überlebt.«

Jetzt fährt also unser Jeepfahrer davon, wobei er Mühe hat, um das Wort »Mistkerl« auf seiner Windschutzscheibe herum hinauszuschauen; er denkt sich immer mehr in Rage, und in das giftige Gefühl mischt sich vielleicht auch ein bisschen Scham. Sein Hochgefühl vom Schnäppchenerwerb ist verflogen, und wenn er zuhause ankommt, brodelt es in ihm. Endet so unsere Geschichte? Natürlich nicht, denn unser Fahrer wird seine Wut am nächstbesten Opfer auslassen.

Anstatt also den Missetäter zur Vernunft zu bringen, haben Sie ihm noch mehr Grund für seine unkontrollierte Wut geliefert. Irgendjemand wird darunter leiden. Vielleicht seine Frau, seine Kinder oder ein Fremder, der ihm zufällig über den Weg läuft. Wenn Sie das Ganze zu Ende denken, wird Ihnen klar, dass Sie, indem Sie Ihrer eigenen Wut Luft gemacht haben, nicht nur ihm etwas zuleide getan haben, sondern auch den Menschen in seiner Umgebung. Bevor Sie sich also dazu entschließen, jemanden mit Gewalt zur Vernunft zu bringen, sollten Sie sich fragen, ob Sie für seine sicher vorhersehbare Reaktion auf Ihre Taten verantwortlich sein wollen.

Es gibt noch einen dritten Umstand, mit dem Menschen ihre Wutausbrüche erklären: Wenn ich meinen Ärger nicht rauslasse, dann fühle ich mich schwach, als Opfer zum Beispiel. Ich will Ihnen jedoch aufzeigen, dass wahre Stärke darauf beruht, unsere Wut in den Griff zu bekommen anstatt uns von ihr ergreifen zu lassen.

Steckt wirklich böse Absicht dahinter?

Nehmen wir einmal an, dass der freche junge Mann im Gegensatz zur Kuh die Auswirkungen seines Handelns auf Sie tatsächlich beabsichtigt hat. Höchstwahrscheinlich ist er sich der Gefühle seiner Mitmenschen jedoch nicht wirklich bewusst. Wie oft haben Sie etwas gesagt oder getan, wodurch sich ein anderer verletzt fühlte, und waren dann überrascht über dessen Reaktion?

Wenn Menschen etwas tun, was andere verletzt, stecken in der Regel keine bestimmten persönlichen Vorbehalte gegen Einzelne dahinter. Selbst wenn der Missetäter ganz offensichtlich Sie meint, hat das, was er sagt, höchstwahrscheinlich nichts mit Ihnen persönlich zu tun oder mit dem, was Sie getan haben. Es ist nichts Persönliches; er kennt Sie nicht. Sie sind lediglich ein Statist in dem persönlichen Drama, das sich in seinem Kopf abspielt.

Die Szenarien, die sich bei jedem von uns im Kopf abspielen, sind eine Mischung aus unseren ganz persönlichen Ansichten über Gott und die Welt, unserer Selbsteinschätzung, unseren frühen Prägungen und unseren gewohnten Reaktionsmustern. Selten haben sie etwas mit der gegenwärtigen Situation zu tun. Wenn wir nun so geprägt sind, mit starker Verärgerung und Empörung auf etwas Verletzendes zu reagieren, tun wir dies auch dann, wenn unsere Reaktion kompletter Unsinn ist. Wir folgen unserem inneren Drehbuch. Sollte dies nicht zum erwarteten Erfolg führen oder uns sogar noch mehr schaden, folgen wir trotzdem weiterhin unserem Drehbuch und erfahren dabei eine weitere Steigerung der Empörung, unter Umständen auch Selbstmitleid.

Wenn wir also das Verhalten des Jeepfahrers noch einmal überdenken, erkennen wir, dass die Grenze zwischen absichtlichem und unabsichtlichem Handeln nicht so klar ist, wie wir es gerne hätten. Wir glauben zu wissen, was ein anderer Mensch denkt, aber oft ist das, was wir »Gedankenlesen« nennen, nichts weiter als die Projektion unserer eigenen Wünsche.

✦

Ich habe meine Ausführungen mit der Parabel *Die Kuh in der Parklücke* begonnen, um an ihr einige Aspekte des Umgangs mit der Wut aufzuzeigen. Wut ist häufig eine unmittelbare und gleichzeitig irrationale Reaktion auf eine Vorstellung davon, wie etwas unserer Meinung nach sein sollte. Was wir fühlen, beruht zum großen Teil auf dem, was wir denken. Unsere Fantasien bezüglich der Absichten des Jeepfahrers bestimmen unser Bild von der »Wirklichkeit« und deshalb auch unsere Reaktion darauf. In diesem Fall glauben wir, dass der Fahrer des Jeeps uns Böses wollte, wohingegen wir wissen, dass die Kuh keinen Groll gegen uns hegt; sie verhält sich eben wie eine Kuh. Es handelt sich um ein einfaches Beispiel, an dem wir erkennen können, wie wir durch unser Denken unsere Wirklichkeit erschaffen und mit ihr auch unsere Wut. Um es mit den Worten von Buddha auszudrücken:

Wir sind, was wir denken.
Alles, was wir sind, entsteht durch unsere Gedanken.
Mit unseren Gedanken erschaffen wir die Welt.

Vieles von dem, was sich in unseren Köpfen abspielt, ist das Produkt unserer frühen Prägung beziehungsweise Konditionierung. In der westlichen Psychologie spricht man hier oft vom »Ballast«, den man mit sich herumträgt. So sind wir beispielsweise davon überzeugt, bestimmte Dinge würden uns glücklich machen, und wenn wir sie nicht bekommen, werden wir wütend. Wir glauben, dass unsere Ehre auf dem Spiel steht, wenn uns jemand »niedermacht«. Wir sind uns sicher, dass wir glücklich sein werden, wenn wir ein bestimmtes Ziel in der Zukunft erreichen, anstatt im Hier und Jetzt zu leben. Und wir glauben, dass Wut ein probates Mittel ist, um das zu bekommen, was wir wollen.

Der Buddhismus ist keine Religion im Sinne von Anbetung eines Gottes oder von Glauben, aber er bietet uns die Möglichkeit, unsere Prägungen zu überwinden. Das wichtigste Merkmal dieser Methode ist die Schulung des Bewusstseins. Das Wort *buddha* kommt aus dem Sanskrit und bedeutet *erwacht* und *bewusst*. Das erste Gelöbnis des Buddhismus lautet: »Ich nehme Zuflucht bei Buddha«, womit jedoch nicht gemeint ist, Zuflucht bei Gott oder einem anderen überirdischen Wesen zu suchen, sondern in dem Bewusstsein, das solchen Wesen innewohnt.

Dies mag einfach scheinen, und in gewisser Weise ist es das auch. Aber es beinhaltet dennoch ein radikales Umdenken in der Wahrnehmung unseres Geistes und unseres Verstandes. Im Buddhismus bedeutet *erwacht* und *bewusst*, jeden Augenblick bewusst zu erleben und zu erfahren, ohne uns von Glaubenslehren, Dogmen und Annahmen, die viele von uns mit Wissen verwechseln, einschränken zu lassen. Buddha verdeutlicht das mit einem einfachen Beispiel: »Ein Mann erschrickt zu Tode, als er auf eine Schlange tritt und lacht laut auf, als er zu Boden blickt und sieht, dass es ein Seil ist.« Die Vorstellung oder das Bild der Schlange, die uns der Verstand vorgaukelt, sind nützlich bei der Durchquerung eines Dschungels oder eines Waldes, aber jemand, der *erwacht* und *bewusst* ist, weiß, dass es sich hierbei nur um ein braunes, gerolltes Etwas am Boden handelt. Um zu erkennen oder sich dessen bewusst zu werden, was sich vor den eigenen Augen abspielt, bedarf es einer Art von Aufmerksamkeit, die im Buddhismus als »Achtsamkeit« bezeichnet wird.

Wenn es uns gelingt, den Augenblick vollkommen gegenwärtig zu erleben, wenn wir das, was uns widerfährt, direkt und ohne Zuhilfenahme früherer Deutungen und Überzeugungen wahrnehmen, dann sprechen wir von Bewusstheit. Die Welt so wahrzunehmen, bedeutet auch, dass unser Alltag lebendiger wird und sich uns die Möglichkeit eröffnet, auf den jeweiligen Augenblick flexibel zu reagieren, so dass eine Veränderung möglich wird.

Eine bestimmte Technik, die der Buddhismus lehrt, um Bewusstheit zu erlangen, nennt sich »reine Aufmerksamkeit« oder »Achtsamkeit«. Wir sagen nicht »Schlange«, sondern »braunes, rundes, gerolltes Ding am Boden«. Wir beobachten, ohne zu urteilen oder zu interpretieren. Sollte das Ding anfangen, sich zu winden und zu fauchen, sagen wir selbstverständlich »Schlange« und handeln entsprechend. Aber wenn wir lernen, zuerst einmal unvoreingenommen zu beobachten – »in dem Bewusstsein dessen, was *ist*, bevor der begriffliche Gedanke entsteht«, wie der Buddhist und Schriftsteller Steve Hagen es formuliert, – können wir unser gewohntes Reaktionsmuster durchbrechen. Mit Hilfe dieser Methode können wir uns auch selbst beobachten, unsere Stimmungen, unsere Vorurteile und Gewohnheiten. Dabei kommt es zu Veränderungen, aber nicht deshalb, weil wir uns anstrengen, kämpfen oder uns bestrafen, sondern weil wir uns dessen bewusst werden, wie wir sind und wie wir uns normalerweise verhalten.

Dieses Buch nutzt die Gedanken und Techniken des Buddhismus, ohne vorauszusetzen, dass Sie eine bestimmte Ansicht oder Weltanschauung annehmen. Es setzt lediglich voraus, dass Sie für eine gewisse Zeit die Überzeugung aufgeben, die Wut als nützliches Werkzeug oder als festen Bestandteil Ihrer Persönlichkeit zu betrachten.

Die Vorgehensweise

Die Vorgehensweise, die in diesem Buch beschrieben wird, basiert auf fünf Hypothesen. Diese lauten:

- **Wut zerstört.**
- **Ich bin derjenige, der am meisten unter seiner Wut leidet.**
- **Wenn ich aus Wut heraus handle, handle ich irrational und töricht.**
- **Ich muss nicht wütend werden, wenn ich nicht will.**
- **Ich bin glücklicher und erfolgreicher, wenn ich mich durch meine Wut nicht zu unbedachtem Handeln verleiten lasse.**

Sie müssen diese Hypothesen nicht für wahr halten; Sie sollten lediglich offen und bereit sein, mit ihnen zu experimentieren. Wenn Sie zu der Ansicht gelangen, dass auch nur eine einzige davon nützlich ist und Sie Ihr alltägliches Verhalten danach ausrichten wollen, hat das Buch seinen Zweck erfüllt. Aus diesem Grund wollen wir uns jetzt eingehender mit diesen Hypothesen beschäftigen.

Zum einen ist die Wut in unserer Welt stets so selbstverständlich und präsent, dass man sie nicht weiter beachtet. Die Rache gilt als angemessene Reaktion auf Wutereignisse, ein Umstand, der seit jeher Unheil über Generationen von Menschen gebracht hat. Täglich ereignen sich Familienfehden wie die der Montagues und Capulets mit mehr oder weniger verhängnisvollen Folgen. Dramatische Beispiele für die Allgegenwärtigkeit von Wut und Rache bieten die Konflikte zwischen den Katholiken und Protestanten in Irland, den Israelis und Palästinensern im Nahen Osten sowie den Hindus und Muslimen in Indien.

Und dann gibt es auch noch jene Wutausbrüche, die nicht nur unglaublich dumm sind, sondern deren Auswirkungen sogar tödlich sein können. Wegen Parkplatzstreitigkeiten wurden schon Menschen umgebracht, und ungezügelte Wutanfälle zerstören immer wieder wertvolle Beziehungen.

Zum Zweiten schadet das In-Rage-Geraten unserem Körper und unserer Gesundheit. Eine vor kurzem veröffentlichte Auswertung von mehr als vierzig wissenschaftlichen Studien hat den Zusammenhang zwischen Wut und Feindseligkeit und der Entstehung von Herzkrankheiten bei bis dahin gesunden Menschen bestätigt. Ebenso verschlechtert sich die Prognose für diejenigen, die bereits unter Herzbeschwerden leiden. Ein Mensch, bei dem Risikofaktoren für Herzerkrankungen, zum Beispiel Bluthochdruck, bekannt sind, wird vom Arzt höchstwahrscheinlich ein Medikament verschrieben bekommen, das die Wut verdeckt, die jedoch teilweise der Auslöser des Problems ist. Dadurch wird es noch schwieriger, sich mit ihr auseinanderzusetzen.

Und schließlich ist das Handeln aus der Wut heraus nicht nur irrational, sondern wirkt auch unseren eigenen Interessen entgegen. Ein Freund, von Beruf Anwalt, war alles andere als ein vorbildlicher Ehemann. Im Gegenteil, er war ein so gemeiner Kerl, dass seine Frau ihn schon nach ein paar Jahren verließ. Als er auf einer Geschäftsreise war, ließ sie ihrer Wut freien Lauf. Sie fuhr seinen Mercedes aus der Garage und rammte ihn von allen vier Seiten mit ihrem eigenen Wagen. Beide Autos erlitten dabei einen Totalschaden, und als später das gemeinsame Hab und Gut aufgeteilt wurde, musste sie für den Schaden am Mercedes aufkommen. Die Ironie an der Geschichte ist, dass sie nach diesem gewaltigen Wutausbruch nur noch wütender war als vorher.

Der Umgang mit der Wut in unserem Kulturkreis

In unserem Kulturkreis gibt es in der Regel drei Möglichkeiten, mit der Wut umzugehen.

Zum einen können wir Ärger und Wut unterdrücken.

Wenn wir auf unseren Partner oder unseren Chef wütend sind, wird erwartet, dass wir lächeln und gute Miene zum bösen Spiel machen. Wir haben uns vielleicht schon so lange darin geübt, unsere Wut zurückzuhalten, dass wir uns ihrer gar nicht mehr bewusst sind.

Zum Zweiten können wir die Wut zwar empfinden, sie aber nur indirekt ausdrücken. Das heißt, wenn wir auf unseren Chef wütend sind, lassen wir das an unserem Partner, unseren Kindern oder an unserem Hund aus.

Und drittens gibt es das sogenannte Wutmanagement, das aus ausgeklügelten Techniken besteht, die in bestimmten Situationen angewandt werden. Dieses Wutmanagement beinhaltet oft psychotherapeutische Elemente.

Die erste Möglichkeit, die Unterdrückung, wird in der Regel dann gewählt, wenn wir es mit jemandem zu tun haben, der uns wichtig ist – unser Chef, unser Partner oder sonst jemand, von dessen Wertschätzung unser Wohlbefinden abhängt. Doch wenn wir Ärger und Wut unterdrücken, bleibt der Druck im Inneren bestehen und kann in der Folge körperliche oder seelische Schäden verursachen. Zusätzlich zu körperlichen Auswirkungen wie Schlaganfall und Herzinfarkt wird für die Unterdrückung auch psychische Energie verbraucht. Wenn wir unsere Wut ständig unterdrücken (als wollten wir ein wildes Tier bändigen), sind wir höchstwahrscheinlich erschöpft, und es mangelt uns an Energie und Kreativität.

Wenn Sie Ihre Wut an einem unbeteiligten Dritten auslassen, wird sich dieser Mensch benutzt und missbraucht fühlen und seinerseits wütend werden. Eine derart beschädigte Beziehung könnte ein weiterer Grund für Wut in Ihrem Leben sein.

Eine ehemals beliebte psychotherapeutische Methode, Wut auszudrücken, bestand darin, auf ein Kissen einzudreschen oder irgendwo, wo niemand einen hören konnte, laut zu schreien. In Gruppentherapiesitzungen wurden Kissen verteilt, auf die die Teilnehmer einschlagen und gleichzeitig zum Beispiel schreien konnten: »Ich hasse Sie, Herr Meier!« – Schlag! »Herr Meier, Sie sind ein Armleuchter!« – Schlag! und so weiter. Manchmal schlugen die Teilnehmer auch mit Schaumgummiknüppeln aufeinander ein. Dies taten sie immer so lange, bis sie allesamt erschöpft waren. Dann ließ man sich mit einem so entspannten Gefühl auf einen Stuhl sinken, als hätte man ein körperliches Training hinter sich. Bedauerlicherweise hat die Erfahrung gezeigt, dass man sich nach solch einer Aktion zwar kurzfristig besser fühlt, dass die Wut aber eine halbe Stunde später wieder zurückkehrt. Die Einstellung zur eigenen Wut verändert sich dadurch nicht; diese Möglichkeit dient lediglich dazu, vorübergehend Dampf abzulassen. Der buddhistische Mönch und Schriftsteller Thich Nhat Hanh aus Vietnam übt in seinem Buch *Ärger. Befreiung aus dem Teufelskreis destruktiver Emotion* sogar noch schärfere Kritik: Es ist nicht nur so, dass diese Art des Dampfablassens keineswegs dazu geeignet ist, Wut abzubauen, sondern sie könnte sogar dazu führen, die Wut in Zukunft auf körperliche (gewaltsame) Art auszuagieren.

Problematisch an der dritten Möglichkeit – der des psychologischen Eingreifens – ist, dass diese häufig eine Selbstabwertung voraussetzt, dass wir uns also in gewisser Weise als gestört und mangelhaft empfinden. Infolgedessen bezeichnen wir uns selbst als »schlecht« und »verletzt«. Obwohl es immer darum geht, zunehmend Einsicht in das eigene Verhalten zu gewinnen, ist diese Möglichkeit in Wirklichkeit defizitär und mit einem negativen Selbstbild verbunden. Sie drückt nämlich aus, dass wir nicht in Ordnung sind. Und das ist bei Weitem nicht alles, es könnte uns Jahre auf der Couch und viele tausend Euro kosten, bis wir davon geheilt wären.

Der Weg, den uns der Buddhismus aufzeigt, wurde von der buddhistischen Nonne Pema Chödrön auf unvergessliche Weise formuliert: »Ich bin nicht okay. Du bist nicht okay. *Das* ist okay.« Wir sind Menschen mit Fehlern, haben Probleme und geraten in Schwierigkeiten. Wir können zwar unsere Unvollkommenheit nicht beseitigen, der Buddhismus jedoch bietet uns eine Methode, unsere Prägungen aufzuheben und durch Bewusstheit unser Leiden zu verringern.

Kehren wir nun zu der Ausgangsfrage zurück: »Gibt es eine Alternative dazu, in Rage zu geraten und dies auszudrücken?«

Im Laufe dieses Buches kann ich hoffentlich verdeutlichen, dass es möglich ist, die Wutausbrüche zu reduzieren, mit Wut richtig umzugehen, wenn wir tatsächlich wütend sind, und schließlich Wut in Mitgefühl umzuwandeln.

Auch wenn diese Ziele uns auf Anhieb schwierig erscheinen mögen, können sie dennoch erreicht werden. Ich hoffe, dass Sie sich mit jedem Kapitel bewusster werden, wie hoch der Preis der Wut ist, welche Ursachen sie hat, und welche Mythen und Legenden sie am Leben erhalten.

Ein erster Blick auf die Wut

Wie fühlt sie sich an?

Um Wut zu verstehen, sollten wir zuallererst herausfinden, wie sie sich tatsächlich anfühlt. Nehmen Sie sich einen Moment Zeit, und überlegen Sie, was Sie in den letzten Wochen wütend gemacht hat. Es sollte sich dabei nur um unwichtige oder kleine Ärgernisse handeln. Ein klassisches Ärgernis wäre, dass Ihr Partner die Zahnpastatube nicht richtig zuschraubt. Oder dass Ihre Kinder die nassen Handtücher auf den Boden werfen.

Ihre Notizen können ein einzelnes Ereignis oder einen ständig wiederkehrenden Auslöser der Verärgerung beschreiben: Sie sind letzte Woche wütend geworden, weil Ihnen jemand das Taxi vor der Nase weggeschnappt hat. Oder Sie sind auf Ihrer täglichen Fahrt von und zur Arbeit fast immer wütend auf andere Autofahrer. Notieren Sie alle Gelegenheiten, bei denen Sie in Rage geraten sind, sowohl einmalige als auch immer wiederkehrende.

✦ ÜBUNG

Einzelereignisse, die mich wütend gemacht haben

✎

Ereignisse, die mich immer wütend machen

✎

Es ist wichtig, dass Sie jetzt nicht die gravierenden Ursachen Ihrer Wut aufschreiben, wie zum Beispiel körperliche Gewalt gegen Sie oder einen geliebten Menschen oder die anhaltende Untreue Ihres Partners. Solche Vorkommnisse könnten mit so tiefen Gefühlen der Rechtfertigung und des Märtyrertums – sowie des verständlichen Zorns – einhergehen, dass die Beschäftigung damit zum jetzigen Zeitpunkt einem Anschwimmen gegen eine allzu starke Strömung gleichkäme. Wenn die Lektion in diesem Buch jedoch Bestandteil Ihres Lebens wird, werden Sie auch diese Art der Wut irgendwann bewältigen.

Von den Familien der Opfer des Bombenanschlags von Oklahoma City und des World Trade Center in New York am 11. September, aber auch von den Opfern selbst haben wir erfahren, dass es möglich ist, auch solch schreckliche Taten zu verzeihen. Aber im Moment wollen wir uns mit den ersten, einfachen Schritten begnügen.

Das Erfolgserlebnis, aufkommende Wut wegen banaler Dinge umwandeln zu können, stärkt und macht Mut. Wenn Sie erfahren, dass Sie Ihre Wut nicht brauchen, und dass es Ihnen ohne sie sogar besser geht, können Sie mit der gleichen Methode schwerwiegendere Ärgernisse angehen. Auch der tibetische Meister Sakyong Mipham sagt: »Der beste Weg, um vorwärtszukommen … ist, uns jeden Tag ein klein bisschen in der Veränderung unserer Einstellung zu üben – nur zehn Prozent. Denn wenn wir übertreiben, wenn wir beispielsweise zu weit und zu schnell rennen oder mehr Gewicht stemmen, als wir verkraften, gefährden wir die ganze Vorgehensweise.«

Glücklich statt wütend

✦ **ÜBUNG:** Machen Sie sich Ihre Gefühle bewusst

Schließen Sie einen Moment lang die Augen, und denken Sie an ein Ereignis, das Sie wütend gemacht hat, vielleicht sogar an eins, das Sie vorher notiert haben. Im Folgenden ist es sehr wichtig, darauf zu achten, wie Sie sich *jetzt* fühlen, nicht, wie Sie sich gefühlt haben, als es passiert ist. Konzentrieren Sie sich auf Ihr Gefühl, und lassen Sie sich nicht dazu verleiten zu grübeln, ob das Ärgernis oder Ihre Reaktion darauf gerechtfertigt war. Achten Sie darauf, ob Ihr Puls rast, Ihr Herz schneller schlägt, Ihre Schläfen pochen, ob Ihre Mundwinkel nach unten wandern, Ihre Stirn sich in Falten legt, Ihre Muskeln sich anspannen. Sie erinnern sich vielleicht nicht mehr genau daran, wie Sie sich damals gefühlt haben, aber jetzt kommt es darauf an aufzuzeigen, dass das zurückliegende Ereignis immer noch die Macht besitzt, Ihre Stimmung selbst nach einem Tag, einer Woche oder nach einem Jahr zu beeinflussen. Schreiben Sie auf, wie Sie sich fühlen.

✎

Rufen Sie sich jetzt ein, zwei Minuten lang ein Ereignis ins Gedächtnis zurück, das Sie glücklich gemacht hat – eine Geburtstagsfeier, die hilfreiche Geste eines Mitmenschen, ein Kompliment oder ein Geschenk. Konzentrieren Sie sich wieder auf dieses Gefühl. Zaubert es ein Lächeln auf Ihre Lippen? Verspüren Sie ein wohliges Gefühl der Wärme? Versenken Sie sich in das Gefühl, und schreiben Sie es auf.

✎

Vergleichen Sie nun dieses Gefühl mit dem, das Sie empfunden haben, als Sie an Ihre Wut gedacht haben. Was Sie aus dieser Übung lernen sollen, ist ziemlich klar. Es fühlt sich besser an, glücklich zu sein, als wütend zu sein. Selbst wenn Ihnen das auf Anhieb einleuchtet, ist es wichtig, diesen Gedanken als emotionale Basis des Buches zu verinnerlichen. Nur wenn Sie innehalten, um der Erfahrung nachzuspüren, können Sie sich der Gefühle bewusst werden, die hochkommen, wenn Sie wütend sind, ohne dass Sie jedoch notwendigerweise wütend reagieren.

Die Entstehung von Wut

Lassen Sie uns jetzt die Aufmerksamkeit auf die Entstehung von Wut richten und darauf, warum wir überhaupt wütend werden. Was wir fühlen, hat zum großen Teil mit dem zu tun, was wir denken. Unsere Annahmen und Überzeugungen beeinflussen die Art und Weise, wie wir die »Wirklichkeit« wahrnehmen und wie wir auf diese reagieren. Aber was wir denken und glauben, beruht oftmals eher auf Annahmen als auf wirklichen Tatsachen. Die unten beschriebene Gruppenübung ist eine Möglichkeit, dies zu erfahren. Im Seminar wird diese Übung im Freien unter Anleitung und mit mindestens acht Teilnehmern durchgeführt. Es ist jedoch möglich, sich die Übung jetzt nur bildlich vorzustellen und sie zu einem späteren Zeitpunkt mit Freunden oder Familienangehörigen auszuprobieren.

GRUPPENÜBUNG

Stellen Sie sich vor, Sie sind an einem Ort, an dem sich viele Menschen befinden. Schließen Sie nun die Augen, und fangen Sie an, langsam umherzugehen; die Arme an den Seiten. Stellen Sie sich vor, einen anderen Menschen zu berühren. Wenn das der Fall ist, ändern Sie die Richtung und bewegen sich ruhig weiter. Sollten Sie mit jemandem zusammenstoßen, ändern Sie die Richtung erneut. Fahren Sie so einige Minuten fort, und merken Sie sich, was Sie gespürt und wie Sie sich dabei gefühlt haben.

Jetzt ändern wir die Regeln. Stellen Sie sich vor, Sie befinden sich wieder an diesem überfüllten Ort, wieder mit geschlossenen Augen, so dass es sich gar nicht vermeiden lässt, dass Sie die anderen berühren oder mit ihnen zusammenstoßen. Aber stellen Sie sich diesmal vor, die an-

deren seien giftig. Sollten Sie jemanden berühren, ziehen Sie sich eine Verletzung zu oder werden krank. Trotzdem machen Sie mit geschlossenen Augen weiter. Wenn Sie jemanden berühren oder anrempeln, beenden Sie den Kontakt so schnell wie möglich. Je mehr Körperkontakt Sie mit anderen haben, desto mehr werden Sie leiden. Achten Sie darauf, wie Sie sich in dieser giftigen Menge fühlen. Schreiben Sie es auf.

Und wieder ändern wir die Regeln. Diesmal sind die anderen nicht giftig, sondern heilsam und wohltuend. Kontakt ist gut! Je mehr Körperkontakt Sie haben, desto besser geht es Ihnen. Bewegen Sie sich weiterhin mit geschlossenen Augen. Achten Sie darauf, wie Sie sich fühlen, wenn Sie einen Oberkörper berühren, einen starken Arm, glatte oder faltige Haut. Möchten Sie die Nähe vertiefen, fühlen Sie sich diesen wohltätigen Wesen zugetan? In der eigentlichen Gruppensituation endet die Übung meist so, dass alle in einer einzigen riesigen Umarmung miteinander verbunden sind.

Vergleichen Sie Ihre Gefühle in den drei eben beschriebenen Szenarien. Waren Sie im ersten misstrauisch, neugierig, neutral?

Was veränderte sich in Ihrem Körper, als Sie sich im zweiten Teil der Übung vorgestellt haben, die anderen seien giftig? Haben Sie Angst verspürt, sind Sie innerlich einen Schritt zurückgewichen, haben Sie die Muskeln angespannt, um sich auf eine eventuelle Flucht vorzubereiten?

Und im dritten Szenario, haben Sie sich da entspannt, haben Sie gespürt, wie die Anspannung von Ihnen abfällt, wollten Sie den anderen näher kommen? Haben Sie sich wohlgefühlt, wenn Sie jemanden berührt haben?

Wenn die Teilnehmer im Anschluss an ein Seminar ihre Erfahrungen austauschen, wird häufig gesagt, dass sich die meisten im ersten Teil der Übung unwohl gefühlt haben. Im zweiten Teil stellt sich dann ein Gefühl der Unruhe und Anspannung ein, und im dritten Teil schließlich Erleichterung und Behaglichkeit. Es gibt natürlich immer ein oder zwei Personen in der Gruppe, die meinen, sie hätten gewusst, dass die Übung nur ein Spiel sei und sich durch die Anweisung, in den verschiedenen Phasen die Denkweise zu wechseln, nicht beeinflussen lassen. Im weiteren Verlauf des Gespräches stellt sich in der Regel jedoch heraus, dass selbst die Skeptiker durch die unterschiedlichen Vorstellungen in den jeweiligen Szenarien beeinflusst wurden.

Der erste Teil der Übung spiegelt wider, wie wir uns fühlen, wenn wir uns außerhalb unserer gewohnten Umgebung bewegen. Wir erfahren die beiden unterschiedlichen Seiten von gesellschaftlichem Kontakt. Wenn Sie auf einer Party sind, wo Sie die meisten anderen Gäste nicht kennen, fühlen Sie sich vielleicht unwohl und isoliert. Sie gehen also zur Bowleschüssel, und noch während Sie sich ein Glas einschenken, tritt ein anderer Gast neben Sie und nimmt sich ebenfalls ein Glas. Sie bieten an, ihm einzuschenken. Er nimmt Ihr Angebot an, indem er sein Glas über die Bowleschüssel hält. Jetzt setzt in Ihrem Kopf eine geschwätzige Debatte ein: »Sieht ganz interessant aus, der Typ. Ich würde gerne mit ihm ins Gespräch kommen. Aber vielleicht will er gar nicht mit mir reden. Als ich das letzte Mal einen Fremden angesprochen habe, erhielt ich eine ziemliche Abfuhr. Was sag ich bloß, damit es nicht zu forsch wirkt?«

Bis Sie sich entschieden haben, ein Gespräch anzufangen, indem Sie die Bowle loben, hat sich der andere längst abgewandt, um mit einer dritten Person zu sprechen. Vielleicht fühlen Sie sich wie Linus von den *Peanuts,* als er seine Begegnung mit einem kleinen Mädchen beschreibt, das ihm sehr gefällt: »Ich wusste nicht, was ich sagen sollte, also hab ich ihr eine gescheuert.«

Der zweite Teil der Übung zeigt, wie schnell und aus welch nichtigen Gründen sich körperliche Veränderungen einstellen, abhängig davon, wie wir über eine Situation denken. Unsere Gefühle reichen von zwiespältig über angespannt bis zu nervös und ängstlich und das allein aufgrund weniger Worte. Und im dritten Teil der Übung verändert schon eine kleine Andeutung nicht nur unsere Stimmung, sondern unseren ganzen Körper.

Man kann mit Sicherheit sagen, dass jeder Mensch lieber im dritten Teil der Übung verweilen, ja leben möchte als im zweiten, geschweige denn im ersten. Eines der Ziele dieses Buches ist es also, genau zu untersuchen, wie Andeutungen und Erwartungen unsere Wirklichkeit beeinflussen.

Die Wirklichkeit – eine Frage der Interpretation?

Die versteckte Lektion der vergangenen Übung ist, dass der Gruppenleiter die Rolle übernimmt, die im alltäglichen Leben unser Verstand spielt. Genau wie bei der Begegnung an der Bowleschüssel laufen in unseren Köpfen ständig Filme vergangener Erlebnisse ab, Programme aus der Kindheit oder von Erlebnissen, die irgendwo im Zeitraum dazwischen liegen. So interpretieren wir die Wirklichkeit immer vor dem Hintergrund dieser früheren Erfahrungen. Wenn wir auf einen Fremden zugehen, tun wir das nach Annahmen und Mustern, die vielleicht aus unserer frühesten Kindheit stammen, als wir gerade anfingen, mit anderen Kleinkindern im Sandkasten zu spielen. Was wir denken, hat so viel mit dem zu tun, was gegenwärtig geschieht, wie die Behauptung, dass alle anderen plötzlich giftig seien – oder wohltuend. Dies gilt vor allem dann, wenn wir uns darauf versteifen, die Gedanken anderer Leute zu erraten, und zu wissen glauben, was der andere denkt oder welche Motive einer bestimmten Handlung zugrunde liegen.

Schon während meiner ersten Versuche, aus der Zwangsjacke meines Lebens auszubrechen, hatte ich einen begnadeten Lehrer. Irgendwann sprachen wir darüber, ob man wirklich wissen kann, was andere Menschen denken, als er plötzlich auf seinem Bürostuhl zu mir herüberrollte und seine Nase ganz dicht an mein Gesicht brachte. Dann rollte er wieder ein Stück zurück, und es entspann sich folgender Dialog:

»Was habe ich soeben getan?«

Ich suchte krampfhaft nach einer Antwort und meinte schließlich: »Sie haben versucht, mich einzuschüchtern?«

»Nein.«

»Sie haben versucht, meine Aufmerksamkeit auf sich zu lenken?«

»Nein.«

»Sie haben versucht, mich ins Hier und Jetzt zu bringen?«

»Nein.«

»Ich geb's auf. Was haben Sie soeben getan?«

»Ich bin ein Stück näher an Sie herangefahren.«

Dieses einfache Beispiel führte zu einer plötzlichen Erkenntnis – man könnte sogar sagen, zu einer »Offenbarung«. Ich begriff: Während ich über die Motive meines Lehrers gerätselt hatte, war mir das Offensichtliche entgangen. Und mir wurde klar, wie oft ich Menschen üble Absichten unterstellt hatte, ohne dass es für diese Gedanken in der Realität eine wirkliche Grundlage gegeben hätte.

Was wir in der Gegenwart beobachten, ist das, was wir kennen. Der Rest ist Interpretation auf der Grundlage vergangener Erfahrungen, die von Bedeutung sein können oder auch nicht.

Die wichtigste Lektion dieser Übung ist jedoch das Wissen, dass wir wählen können. Wir müssen uns nicht von vergangenen Prägungen und festen Erwartungen leiten lassen, sondern wir können jedem Augenblick mit einem frischen, unvoreingenommenen Blick begegnen. Sie können die gleiche Veränderung in Ihrem Leben herbeiführen, indem Sie innehalten und sich fragen: »Was passiert hier wirklich?«

Die Ursache von Wut

Unerfüllte Erwartungen

Zwei Mönche waren Schüler eines großen Meisters, der überall für seine heitere Gemütsruhe bekannt war. Eines Tages entbrannte zwischen den beiden Mönchen ein Streit. Der eine behauptete, der Meister geriete manchmal in Wut, der andere hielt dagegen, der Meister geriete niemals in Wut. Nach einigem Hin und Her entschieden sie, dass es das Beste wäre, den Meister selbst zu fragen. Sie gingen also zum Meister, der sich gerade in der Schönschrift übte, und warteten geduldig, bis er den Blick hob. Der erste Mönch sagte: »Meister, ich behaupte, dass Ihr manchmal in Wut geratet, und er behauptet, dass Ihr niemals in Wut geratet. Wir möchten gern wissen, ob Ihr in Wut geratet oder nicht.«

»Ja und nein«, antwortete der Meister, senkte den Blick und arbeitete weiter an seiner Schönschrift.

Die Schüler gingen wieder und fingen an, über die Antwort des Meisters zu streiten. Sie regten sich immer mehr da-

rüber auf, dass der Meister ihren Streit nicht beigelegt hatte. Also gingen sie zurück zu ihrem Meister, und diesmal fragte der zweite: »Meister, warum weigert Ihr Euch, unsere Frage zu beantworten?«

Der Meister antwortete: »Ich habe jedem von euch die Antwort gegeben, die er wollte.«

Daraufhin sagte der erste Schüler: »Wir wollen wissen, wer Recht hat.«

»Wenn ihr wisst, wer Recht hat«, erwiderte der Meister, »sorgt dieses Wissen für Essen und Kleidung?«

Der Schüler dachte einen Moment lang nach und sagte dann: »Nein Meister, das tut es nicht.«

»Warum habt ihr euch für das Leiden entschieden?«, fragte der Meister.

Woraufhin die Schüler eine Gemütsruhe verspürten, die nicht größer hätte sein können.

✦

Die Ursache von Wut ist einfach: Sie entsteht, wenn Erwartungen nicht erfüllt werden. Wir alle haben grundlegende Erwartungen an die Welt um uns herum. Manche begleiten uns ständig, wie zum Beispiel die Erwartung, dass man uns nicht wehtut. Andere entstehen nur unter bestimmten Bedingungen, wenn wir zum Beispiel ein Geburtstagsgeschenk erwarten oder während der Arbeit ungestört sein wollen. Wir hegen besondere Erwartungen an bestimmte Beziehungen, wie in der Ehe oder bei der

Arbeit. Die Erwartung mag materiell sein – Sie erwarten, dass Sie für Ihre Arbeit bezahlt werden – oder immateriell – Sie möchten, dass ein anderer Sie respektiert oder liebt. Allerdings sind viele unserer Erwartungen – wie das Beharren der Mönche zu wissen, wer Recht hat – unwichtig und dienen nur dazu, die Wut in unserem Leben beizubehalten.

Schauen Sie noch einmal auf Ihre Wutliste auf Seite 46 und überlegen Sie, welche unerfüllten Erwartungen dem einzelnen Ereignis zugrunde liegen. Hier zwei Beispiele:

✦ **Ereignis**	✦ **Meine unerfüllte Erwartung**
Meine Frau hat meinen Geburtstag vergessen.	Ich erwarte, dass meine Frau meinen Geburtstag nicht vergisst.
Mein Mann schraubt nie den Deckel auf die Zahnpastatube.	Ich erwarte, dass mein Mann meinen Wunsch nach einem ordentlichen Badezimmer respektiert.
Schreiben Sie jetzt selbst weiter:	

Egal ob das Ereignis belanglos oder bedeutend ist, die Ursache von Wut ist immer dieselbe. Hinter dem Gefühl verbirgt sich ein Bedürfnis, das nicht befriedigt wurde und das Sie gerne befriedigt hätten. Die Erwartung ist im weitesten Sinne das »Weil«, das Ihrer Wut zugrunde liegt. »Ich bin wütend, weil …«

Beachten Sie bitte, dass wir das Wort »Erwartung« benutzen, was nichts anderes bedeutet, als dass wir darauf warten, dass die Welt und die Menschen um uns herum unsere Wünsche und Bedürfnisse erfüllen beziehungsweise befriedigen. Natürlich sollten wir, wenn wir unsere Erwartungen äußern, dies in Form von Bitten tun.

Wenn Sie innehalten und überlegen, welche Erwartung (beziehungsweise welches Bedürfnis oder welchen Wunsch) Sie hegen, wenn Sie wütend werden, dann haben Sie bereits einen großen Schritt getan, um die Situation zu verändern. Auch wenn Sie die anderen Vorschläge in diesem Buch nicht beherzigen, werden Sie feststellen, dass diese einfache Übung von großem Nutzen ist. Bestimmte Formen von Wut werden sich vielleicht sogar ohne weiteres Zutun in nichts auflösen.

Schwieriger wird es allerdings, wenn ein scheinbar unbedeutendes Ereignis eine tiefer liegende Ursache hat. Bei den beiden Beispielen auf der Liste (siehe Seite 61 f.) handelt es sich genau genommen vielleicht um zwei Fälle von Respekt. Wenn Ihr Partner Ihren Geburtstag vergisst, könnten Sie das als Zeichen von Gleichgültigkeit oder Mangel an Liebe deuten. Ebenso könnten Sie die Weigerung Ihres Mannes, den Deckel auf die Zahnpastatube zu schrauben, als Mangel an Respekt Ihren einfachsten Bitten gegenüber deuten.

Ich sage bewusst »deuten«, um darauf hinzuweisen, dass sich Ihre Deutung des Verhaltens Ihres Mannes grundlegend von seiner Interpretation oder von der Wahrheit unterscheiden kann. Vielleicht ist er einfach nur ein Chaot, der generell unordentlich ist. In diesem Fall hat sein Verhalten überhaupt nichts damit zu tun, ob er Sie liebt und respektiert.

In der Psychotherapie versucht man die Gründe zu erforschen, die Bedürfnissen und Erwartungen zugrunde liegen. So finden Sie möglicherweise heraus, dass Sie deshalb so wütend auf Kritik reagieren, weil Ihr Vater Sie oftmals niedergemacht hat. Das oberste Ziel in der Psychotherapie besteht darin, zur Wurzel des Übels zu gelangen; aber wir machen hier keine Therapie. Hier geht es ausschließlich darum, Methoden dafür zu erlernen, mit Ärger und Wut besser umzugehen und sie umzuwandeln. Im Moment reicht es aus, wenn Sie innehalten und sich Ihre unerfüllten Erwartungen bewusst machen, seien sie auch noch so oberflächlich. Je besser Sie Ihre Erwartungen kennen, desto eher werden Sie in der Lage sein, den Grund für Ihre Wut zu erkennen. Und je besser Ihnen dies gelingt, desto mehr nimmt Ihre Wut und das damit einhergehende Leid ab. Die Folge davon sind tiefere Einsichten in das, was uns antreibt.

Wichtiger noch als die *richtigen* Erwartungen zu identifizieren, ist, dass Sie innehalten und sich fragen, welche Erwartungen Sie überhaupt haben könnten. Allein das Innehalten mindert bereits die Wut. In dem Maße, wie Sie lernen, Ihre echten Erwartungen zu erkennen, werden Sie sich dazu entschließen, diese aufzugeben, oder Sie werden lernen, wie Sie sie befriedigen können.

Vier verschiedene Erwartungshaltungen

Unsere Erwartungen lassen sich in vier Haltungen unterteilen. Diese Aufstellung dient als Ausgangspunkt für weitergehende Betrachtungen, kann diese aber nicht ersetzen.

- **Die zentrale und gerechtfertigte Erwartung**
  Sie möchten, dass Ihr Partner Sie liebt.
  Erwartungen dieser Art sind absolut gerechtfertigt und von Bedeutung.

- **Die gerechtfertigte, aber nebensächliche Erwartung**
  Sie möchten im Restaurant gerne am Fenster sitzen; Sie möchten heute chinesisch, Ihr Mann möchte lieber italienisch essen gehen.
  Zwar durchaus gerechtfertigt, aber wenn man länger darüber nachdenkt, doch nicht so wichtig.

- **Die irrationale Erwartung**
  Sie wollen sich mit den Ärgernissen im Verkehr nicht abfinden. Sie möchten, dass Fremde Ihnen Respekt zollen.
  Wenn Sie genau hinschauen, erkennen Sie, dass diese Erwartungen unhaltbar sind.

- **Die unerfüllbare Erwartung**
  »Ich möchte, dass die anderen mir Respekt für meine Weisheit zollen« oder »Ich möchte von allen geliebt werden«. »Mach mich glücklich« oder »Ich möchte, dass du alles zurechtbiegst, was in meinem Leben schiefläuft.«
  Erwartungen dieser Art sind in der Regel dauerhaft, sie werden nicht durch ein einzelnes Ereignis hervorgerufen und in der Regel durch Allgemeinplätze ausgedrückt. Diese Art der Erwartung liefert, gerade weil sie nicht

erfüllt werden kann, die Rechtfertigung für beständige Wut und ist die Basis für dauerhaftes Unglücklichsein.

Gehen wir noch einmal zurück zur Liste der Wutsituationen auf Seite 61. Überlegen Sie, wie Sie die Erwartungen, die den einzelnen Ereignissen zugrunde liegen, einordnen würden. Fallen einige von ihnen in die Kategorien »Irrational«, »Unerfüllbar« oder »Nebensächlich«? Wenn ähnliche Anlässe auftauchen, sollten Sie innehalten und überlegen, ob Sie in der Lage sind, die mit diesen Situationen verbundene Wut loszulassen.

Unausgesprochene Erwartungen

Eine Möglichkeit, dafür zu sorgen, dass unsere Erwartungen garantiert nicht erfüllt werden, ist, sie erst gar nicht zu äußern und stattdessen zu hoffen, dass unsere Mitmenschen auf wundersame Weise erahnen, was wir von ihnen wollen. Wenn sie unsere Erwartungen dann tatsächlich nicht erraten, reagieren wir mit Wut. Stellen Sie sich folgende Situation vor:

Sie haben sich eine teure Hose gekauft, und als Sie diese das erste Mal anziehen, reißt der Stoff. Wenn Sie in den Laden zurückgehen, um die Hose zurückzugeben, was sagen Sie dann zu der Verkäuferin?

»Schauen Sie sich die Hose an. Sie ist gerissen.«

»Mh-hm.«

»Wirklich sehr schlechte Qualität.«

»Mh-hm.«

»Sie sollten sich schämen, derartigen Mist in Ihrem Laden zu verkaufen.«

»Mh-hm.«

»Ich möchte mein Geld zurück.«

»Na endlich.«

Hoffentlich gehören Sie nicht zu diesen wütenden Menschen, welche stets erwarten, dass ihre Lieben ihre Gedanken lesen können, nur um dann wütend zu werden, wenn ihre unausgesprochenen Erwartungen nicht erahnt und demnach auch nicht erfüllt werden. Solche Menschen quälen sich im Grunde meistens mit einer anderen Erwartung: Wenn dir wirklich etwas an mir liegen würde (du mich lieben würdest), dann *wüsstest* du, was ich will.

In meinem Seminar zum positiven Umgang mit der Wut lade ich die Teilnehmer regelmäßig zu folgender Übung ein: Sie sollen sich der Person neben ihnen, vorzugsweise einem Fremden, also nicht jemandem, mit dem sie das Seminar besuchen, zuwenden und eine einfache Bitte um irgendeinen körperlichen Kontakt äußern, zum Beispiel um eine kleine Nackenmassage. Wichtig ist, dass es sich bei der Bitte um einen körperlichen Kontakt handelt, eine banale Bitte wie das Borgen eines Kugelschreibers kann so vermieden werden. Die Person, der die Bitte vorgetragen wird, kann entscheiden, ob sie sie erfüllen will oder nicht. Dann werden die Rollen getauscht. Ist es einfacher, eine Bitte zu äußern oder eine Bitte zu erfüllen? In den Seminaren zeigt sich immer wieder, dass es einfacher ist, eine präzise Bitte zu erfüllen, als eine Bitte zu äußern.

Im Alltag kommt es ständig zu einer wechselseitigen Befriedigung von Bedürfnissen. Probieren Sie es selbst aus, indem Sie jemanden um einen Gefallen bitten. Sie stehen zum Beispiel an der Kasse im Supermarkt hinter einer Person, deren Einkaufswagen bis oben hin gefüllt ist. Sie haben nur einen oder zwei Artikel und sind in Eile. Fragen Sie, ob Sie vorgehen dürfen. Oder Sie mühen sich damit ab, etwas Schweres in Ihr Auto zu laden. Bitten Sie einen Fremden um Hilfe.

Heimliche Erwartungen

Gibt es in Ihrem Leben versteckte Erwartungen, die erfüllt werden könnten, wenn Sie darum bitten würden? Sind diese vernünftig? Wichtig? Werden Sie wütend, wenn jemand eine Ihrer heimlichen Erwartungen nicht erfüllt? Halten Sie an Ihrer Wut fest, indem Sie sich weigern, um das zu bitten, was Sie wollen? Nehmen Sie sich einen Moment Zeit, und überlegen Sie, welche heimlichen Erwartungen Sie haben, und schreiben Sie diese auf:

Indem wir uns darin üben, eine Bitte zu äußern und die unterschiedlichen Formen unserer heimlichen Erwartungen unter die Lupe zu nehmen, werden die Gründe für die in uns aufkommende Rage immer sichtbarer.

Die fehlende Bereitschaft, unsere Wünsche und Bedürfnisse zu äußern, führt vor allem in Liebesbeziehungen zu großen Problemen. In der Paartherapie wird dieses Thema oftmals behandelt, und die Teilnehmer müssen lernen, ihre heimlichen Erwartungen an den anderen auszusprechen.

Im Rahmen einer Eheberatung erklärte eine Frau ihrem Mann in einer der Sitzungen, dass sie gerne Blumen von ihm geschenkt bekäme, und zwar nicht nur am Geburtstag oder am Hochzeitstag, sondern einfach als Ausdruck seiner Zuneigung. In der darauffolgenden Woche rief der Ehemann in einem Blumenladen an und ließ seiner Frau einen riesigen Blumenstrauß schicken. Auf der beiliegenden Karte stand: »Ich liebe Dich.« In der nächsten Therapiesitzung äußerte er die Ansicht, endlich alles richtig gemacht zu haben. Doch das Gegenteil war der Fall, seine Frau gab an, verletzt zu sein, weil er zwar Blumen geschickt, die beigelegte Karte aber nicht von Hand geschrieben hatte.

Offensichtlich hegte die Frau eine ganze Reihe heimlicher Erwartungen:

Ihr Mann soll ihr, ohne dass er darum gebeten wird, hin und wieder ohne bestimmten Anlass ein Geschenk machen.

Wenn sie darum bitten muss, zählt es nicht.

Wenn ihr Mann ihr ein Geschenk macht, soll er es nicht einfach per Telefon bestellen, sondern sich die Zeit nehmen, es persönlich auszusuchen.

Der Wunsch der Frau nach Zärtlichkeit und Vertrautheit, die sich im Bedürfnis nach spontanen Geschenken ausdrückt, gehört jedoch vielleicht nicht zum Erfahrungsschatz des Mannes.

Es wäre besser gewesen, sich über das Geschenk zu freuen, anstatt zu kritisieren, dass etwas fehlte. Statt wütend zu werden hätte sie sagen können: »Danke für die wunderschönen Blumen.« Durch dieses Lob hätte sie möglicherweise für eine Innigkeit gesorgt, die wiederum zu mehr Vertrautheit geführt hätte.

Viele Beziehungen sind gefährdet, weil einer oder mehrere Personen unerfüllte Erwartungen hegen, die ihm oder ihr gar nicht bewusst sind oder die er oder sie nicht aussprechen will. Dazu gehören Beziehungen zwischen Eheleuten, Liebenden, Nachbarn, Arbeitskollegen und Mitgliedern von Organisationen. Je wichtiger eine Beziehung ist – eine Ehe im Gegensatz zu einer Mitgliedschaft im Buchclub zum Beispiel –, desto mehr haben die Beteiligten zu verlieren. Und wenn es viel zu verlieren gibt, sind sie noch weniger gewillt, ihre Wünsche zu äußern, weil dies das Risiko des Verlusts vergrößern würde.

Ein Ehepartner fürchtet zum Beispiel, die Ehe könnte Schaden nehmen, wenn der andere erfährt, wie bedürftig sie oder er ist. Eine weitere gängige Befürchtung ist die folgende: »Wenn die anderen wüssten, wie ich wirklich bin und was ich wirklich möchte, würden sie mich meiden oder noch Schlimmeres.« Und die dritte Befürchtung ist die, dass der andere sich weigert, die Erwartungen zu erfüllen, was für seinen Partner gleichbedeutend wäre mit dem Gefühl des Abgelehntwerdens.

Der erste Schritt zur Erfüllung eines Wunsches ist demnach, den Wunsch auszusprechen, wenngleich dies keine

Garantie dafür ist, dass er tatsächlich erfüllt wird. Manchmal behalten Menschen ihre Wünsche für sich, weil sie spüren, dass es zu riskant ist, sie auszusprechen. So könnte beispielsweise ein Ehemann den Wunsch haben, seine Frau möge eine Geliebte tolerieren. In diesem Fall wird die Beziehung wahrscheinlich nicht besser, wenn er diesen Wunsch ausspricht. Die Frau wiederum könnte erwarten, dass ihr Mann sein Eheversprechen hält und ihr treu bleibt. Die Zurückhaltung auf beiden Seiten, diese geheimen Wünsche zu äußern, könnte das Einzige sein, was die Beziehung aufrechterhält.

Sinnvoller könnte es sein, eine Beziehung zu beenden, in der grundlegende Erwartungen nicht erfüllt werden. Oftmals verharren wir in einer unbefriedigenden Beziehung, weil wir Angst haben. Das heißt, wir sind nicht bereit, das Risiko einzugehen, die bestehende Beziehung aufzugeben, weil wir glauben, dass wir keine neue Beziehung finden, in der unsere Bedürfnisse befriedigt werden. Auch dieses Verharren in unbefriedigenden Beziehungen ist nur eine weitere Form, Wut aufrechtzuerhalten.

Es gibt keine Regel, die besagt, dass wir unsere Erwartungen anderen mitteilen müssen. Wir können uns dafür entscheiden, es nicht zu tun. Dann allerdings sollten wir uns über die Konsequenzen dieses Unterlassens im Klaren sein.

✦ ÜBUNG: Bedürfnisse mitteilen

Gibt es Bedürfnisse, die Sie den wichtigen Menschen in Ihrem Leben noch nicht mitgeteilt haben und die Sie gerne erfüllt hätten? Schreiben Sie sie jetzt auf. Vielleicht hilft es Ihnen, wenn Sie die Menschen in Ihrem Leben, die Ihnen wichtig sind, einzeln durchgehen und überlegen, ob bei Ihnen dabei Gefühle der Wut oder der Unzufriedenheit aufkommen und wenn ja, warum.

✎

Überlegen Sie bei jedem Bedürfnis ganz genau, ob es erfüllbar ist, wenn Sie es artikulieren. Haben Sie es bisher niemandem mitgeteilt, weil Sie Angst davor haben, dies zu tun, oder weil Sie der Meinung sind, dass der andere es kennen müsste, ohne dass sie es aussprechen? Erwarten Sie unbewusst, dass Ihr Partner oder eine andere Person in der Lage ist, Ihre Gedanken zu lesen?

Versuchen Sie, um etwas zu bitten – immer wieder –, vielleicht nicht um alles auf einmal, sondern eins nach dem anderen. Wenn Sie nicht bereit sind, warum auch immer, das, was Sie möchten, auch auszusprechen, überlegen Sie sich, ob es dafür einen stichhaltigen Grund gibt. Wenn es ihn gibt, werden Sie wenigstens Ihre Rolle und Ihre Verantwortung in Bezug auf die Wut verstehen, die Sie fühlen, wenn das Bedürfnis nicht erfüllt wird. Anders ausgedrückt: Es ist wichtig zu erkennen, dass Sie die Wahl haben und einer Situation nicht hilflos ausgeliefert sind.

Wenn wir unsere Bedürfnisse und Wünsche nicht aussprechen, werden wir einsam und allein bleiben. Viele Singles beklagen sich darüber, dass sie keinen geeigneten Partner und keine befriedigende Beziehung finden. Aber vielleicht liegt der Grund hierfür darin, dass sie nicht bereit sind, ihre Wünsche zu äußern, was zur Folge hat, dass die potenziell wichtigen anderen im Dunkel der Unwissenheit gelassen werden. Ich nenne das die »Landetheorie« von Beziehungen:

> Du kannst auf meinem Flughafen landen, du darfst aber nicht zu schnell oder zu langsam fliegen, nicht zu weit rechts oder zu weit links und auch nicht zu

hoch oder zu tief. Aber die Landungskoordinaten teile ich dir auf keinen Fall mit. Und wenn du einmal erfolgreich gelandet bist, darfst du nicht erwarten, dass die Landungskoordinaten das nächste Mal die gleichen sind. Wenn Sie erkennen, dass die Landebahn zu Ihrem Herzen ganz schön komplex und verborgen ist, reagieren Sie möglicherweise mit Trauer und nicht mit Wut. Aber Sie haben dadurch die Möglichkeit, etwas zu verändern.

Eine weitere Erwartung, die für Misserfolg und Enttäuschung sorgt, ist die, dass Beziehungen perfekt sein müssen. Unser Verständnis von Perfektion geht vielleicht auf unsere veralteten Regeln und den Ballast früherer Erlebnisse zurück. Einen Mann macht es trotz einer ansonsten gut funktionierenden Ehe wütend, dass seine Frau nicht gerne kocht. Sie ist eine gute Mutter, sie verdient ihr eigenes Geld, und er ist gern mit ihr zusammen. Aber er trägt diese Erwartung mit sich herum und ist jedes Mal sauer, wenn sie ein Fertiggericht serviert oder sie auswärts essen gehen.

Ebenso könnte eine Frau einen hohen Lebensstandard erwarten, was voraussetzt, dass ihr Mann viel arbeiten muss. Dann ist sie möglicherweise wütend, weil er so wenig Zeit zuhause verbringt. Doch schon allein der Blick auf die Beziehung als Ganzes statt nur auf den Teil, der nicht funktioniert, kann eine Situation schlagartig verändern. Noch einmal: Es ist wichtig, dass Sie Ihre Rolle und Ihren Anteil an dem Problem wahrnehmen und verstehen.

Die Motive, die Ihren Erwartungen zugrunde liegen, sind vielschichtig und haben mit Ihrer eigenen, ganz besonderen Geschichte zu tun. Aus diesem Grund lassen sie sich nicht nach einem vorgefertigten Schema lösen. Wenn Sie allerdings jenen Anteil an Wut reduzieren, der daraus entsteht, dass Sie sich Ihre Wünsche nicht eingestehen und sie nicht äußern, werden Sie in der Lage sein, sich mit ihnen zu beschäftigen, wann immer Sie es für richtig halten.

Auch die Wut hat ihren Preis

Aber wer zahlt dafür?

Wer ein Problem mit Wut lösen will, könnte genauso gut versuchen, eine glühend heiße Kohle auf den anderen zu werfen.

Tibetisches Sprichwort

Es war einmal ein Mann, der wurde von seiner Wut auf einen anderen Mann geradezu zerfressen. Sie plagte ihn Tag und Nacht, und er war zutiefst unglücklich. Eines Tages besuchte ihn ein Freund, und als dieser sah, in welchem Zustand sich der Mann befand, fragte er: »Was plagt dich denn so? Warum bist du nur noch Haut und Knochen?«

Der Mann erwiderte: »Es gibt einen Mann im Dorf, der schlecht über mich gesprochen hat, und ich habe mich noch nicht an ihm rächen können. Ich will ihn töten, weil er mich so verletzt hat, und ich bin am Überlegen und Suchen, wie ich es am besten bewerkstelligen könnte.«

Daraufhin meinte sein Freund: »Ein Fluch könnte den Mann töten. Ich kann ihn dir verraten, aber es gibt dabei einen großen Nachteil: Wenn du ihn tötest, musst du ebenfalls sterben.«

Als der Mann das hörte, war er nicht im Geringsten beunruhigt. »Ich flehe dich an, verrate mir den Fluch. Auch wenn ich dabei sterben muss, wird er doch wenigstens auch sterben.«

Kazuaki Tanahashi, *A Flock of Fools*
(wörtl. übers. »eine Narrenschar«, auf Deutsch
ersch. unter dem Titel *Narren*)

✦

Nichts ist kostspieliger als Wut, und wie wir in der Geschichte vom teuflischen Fluch eben gelesen haben, sind manche Menschen bereit, den höchsten Preis zu bezahlen, wenn sie damit ihrem Hass Ausdruck verleihen können. Wenn wir alle Todesfälle zusammenzählten, die durch Rowdys im Straßenverkehr, durch Raufereien in Bars, Herzinfarkte und Kriege hervorgerufen werden, durch Dinge, die der buddhistische Autor Robert Thurman »organisierte Wut« nennt, stellen wir fest, dass diese Todsünde mehr Menschen ums Leben bringt als alles andere.

Nur der Tod verstümmelt, verletzt und entfremdet uns noch mehr als Wut. Ein Augenblick der Wut kann eine lebenslange Freundschaft, einen Ruf oder eine Karriere zerstören, an der wir jahrelang gearbeitet haben. Chronische Wut kann für unsere Kinder lebenslange Probleme bedeuten. Sie kann unsere Leistungsfähigkeit beeinträchtigen und uns unglücklich machen. Wut wird größer, wenn sie unterdrückt wird, und sie trübt den Geist, bis er ihr irgendwann unterliegt. Wir alle kennen die Nächte, in denen wir uns hin und her wälzen, kochend vor Wut, weil wir von diesem Gefühl, das uns tagsüber erfüllt hat, nicht lassen können. Handelt es sich um ein besonders entsetzliches Ereignis, tragen wir Ärger und Wut vielleicht sogar tage-, wochen- oder gar ein Leben lang mit uns herum, bis auch unsere Seele und unser Körper Schaden nehmen. Wenn wir die Wut aussprechen, fügen wir vielleicht anderen Leid zu, und zwar nicht nur dem Adressaten unserer Wut, sondern auch denen, die in Zukunft indirekt davon betroffen sein werden. Wenn wir wütend sind, nehmen wir nicht wahr, wie andere unsere Wut erleben und auf diese reagieren, weshalb der sogenannte Begleitschaden erheblich sein kann.

Der Preis, den wir zahlen

Zum einen ist es kein gutes Gefühl, wütend zu sein. Aus diesem Grund ist der erste Preis, den wir dafür zahlen, die Wirkung auf unsere Seele und unseren Körper. Wenn wir diese Wirkung nur kurze Zeit spürten, wäre alles halb so schlimm. Aber Wut hat die Besonderheit, beharrlich weiterzuschwelen. Meine Frau arbeitete in ihrem eigenen Cateringservice, als ein junger Mann den Laden betrat. Er erklärte, ihm sei das Benzin ausgegangen, und bat deshalb um 20 Dollar. Er zeigte ihr seinen Führerschein, der ihn als den Spross einer bekannten ortsansässigen Familie auswies, und schrieb ihr einen Schuldschein aus. Als der junge Mann ein paar Tage später immer noch nicht wieder aufgetaucht war, rief sie die auf dem Schuldschein angegebene Telefonnummer an. Die Person am anderen Ende der Leitung war ein Mitglied der bekannten Familie, das ihr erklärte, es gäbe keinen jungen Mann, auf den die Beschreibung passen würde. Meine Frau, die nur selten in Rage gerät, war außer sich vor Wut darüber, dass jemand ihr Vertrauen und ihre Gutmütigkeit derart ausgenutzt hatte. Jedes Mal, wenn ihr jemand in jenen Tagen einen 20-Dollar-Schein in die Hand drückte, kam die Wut wieder hoch und lenkte sie von dem ab, was sie gerade tat. Wie der Autor Hugh Prather es ausdrückte: »An der Wut festzuhalten ist, als würde man jemandem freies Logis in seinem Kopf gewähren.«

Wie man in den Wald hineinruft…

Allein das Hegen von Wut kann schon kostspielig sein, wenn wir die Wut aber auch zeigen, wird es noch teurer. Arbeiten Sie beispielsweise zuhause und Ihre Kinder machen Lärm, werden diese, wenn Sie sie nur laut genug anbrüllen, zunächst Ruhe geben. Aber sie lernen so auch, Sie zu fürchten. Wenn Ihre bessere Hälfte vorschlägt, etwas anzuschaffen, was Sie sich Ihrer Meinung nach nicht leisten können, könnte ein Wutausbruch der Diskussion zwar schneller ein Ende bereiten, als Argumente das vermögen, aber es könnte sich auch ein Riss in der Beziehung bilden. Wenn Sie einen Geschäftskollegen so sehr einschüchtern, dass er Ihre Bedingungen akzeptiert, dann kommen Sie vielleicht im Augenblick zu einem besseren Abschluss. Beim nächsten Mal aber wäre er auf Ihren Angriff vorbereitet, oder er könnte sich auch weigern, überhaupt mit Ihnen Geschäfte zu machen.

Letztlich müssen wir uns fragen: Lohnt es sich, wütend zu sein, obwohl der Preis dafür im Hinblick auf unsere Beziehungen – in Familie und Partnerschaft oder am Arbeitsplatz – so hoch ist, selbst wenn Sie kurzfristig Ihr Ziel erreichen? Um es einfach auszudrücken: Die Menschen mögen keine wütenden Artgenossen, und niemand ist gern Zielscheibe eines Wutanfalls.

Weil Wut das Ergebnis einer unerfüllten Erwartung ist,

besteht ihr vordergründiger Zweck darin, diese Erwartung zu erfüllen. Von einem rationalen Standpunkt aus betrachtet, erweist sie sich dabei allerdings oftmals als recht nutzlos. Der Einsatz von Wut, um das Erwünschte zu bekommen, hat vielleicht in den ersten Lebensjahren zum Erfolg geführt. Ein Kind, das gelernt hat, seine Eltern durch einen Wutanfall zu manipulieren, wird versuchen, diese Verhaltensweise auch im Erwachsenenleben anzuwenden. Aber Wut ist nicht das geeignete Mittel, um Ihre gegenwärtigen Ziele zu erreichen.

Vergleichen Sie die folgenden Szenarien:

1. Ein Mann sagt im vollen Restaurant zum Kellner: »Herr Ober, wir haben Karten fürs Theater und deshalb müssen wir in 45 Minuten hier wieder draußen sein. Wenn nicht, werden wir uns über Sie beschweren.«

oder:

2. Der Mann sagt zum Kellner: »Wir haben ein Problem. Wir haben Karten fürs Theater und wir möchten gern in 45 Minuten mit dem Essen fertig sein. Meinen Sie, wir schaffen das?«

Wer wird schneller bedient werden? Ein Teilnehmer in einem meiner Seminare meinte dazu: »Wahrscheinlich schaffen es beide Ehepaare ins Theater, aber das erste hat vielleicht ein Haar in der Suppe.«

Eine Angestellte macht einen Fehler. Vergleichen Sie die beiden Reaktionen ihres Chefs:

1. »Also, das war wirklich dumm. Wie kann man nur so blöd sein. Sorgen Sie dafür, dass das nicht wieder passiert.«

oder:

2. »Leider haben Sie einen Fehler gemacht. Aber wir machen alle Fehler. Was können wir tun, damit das nicht wieder passiert?«

In der Antwort des ersten Chefs muss die Angestellte nicht nur einräumen, dass sie einen Fehler gemacht hat, sondern sie muss darüber hinaus noch die beleidigende Äußerung hinnehmen, dass sie blöd sei. Und auch hier stellt sich wieder die Frage: Welche Angestellte wird höchstwahrscheinlich den Fehler kein zweites Mal machen?

Als ich vor einigen Jahren eine Zeit lang ein Faible fürs Bridgespiel hatte, habe ich meistens verloren, bis ich ein Buch mit dem Titel *Warum Sie beim Bridge immer verlieren* gelesen habe. Ich erinnere mich noch gut an das folgende, darin vertretene Prinzip: Wenn Ihr Spielpartner völlig idiotisch spielt, zum Beispiel Ihr Ass mit einem Trumpf quittiert, und Sie ihn dafür zusammenstauchen, haben Sie die Grundlage dafür geschaffen, dass Sie auch in Zukunft nichts als idiotische Spiele mit ihm spielen. Diese Einsicht hat mein Spiel ungemein verbessert.

Ein positives Beispiel: Ein Klient, den ich seit Jahren betreue, ist ein guter und ehrlicher Geschäftsmann. Aber er neigt zum Jähzorn. Eines Tages kam er in mein Büro gestürmt, in der Hand seinen Steuerbescheid. Er besaß eine Firma und ein Gebäude, das er aus verschiedenen Gründen an die Firma vermietete, die jedoch keine Miete dafür bezahlte. Das Finanzamt wollte nun eine Steuernachzahlung für die vorangegangenen 15 Jahre in Höhe von 33 000 Dollar und drohte gleichzeitig mit der Erhebung von Zinsen und Mahngebühren, die den Betrag leicht hätten verdoppeln können. Ich wälzte Gesetzestexte und musste ihm leider sagen, dass das Finanzamt vollkommen im Recht war.

Wir überlegten, was zu tun wäre, und ich schlug vor, er solle persönlich mit der zuständigen Finanzbeamtin reden. Da es sich nicht um einen Rechtsstreit handelte, hätte die Anwesenheit eines Anwalts als versteckte Drohung aufgefasst werden und die Finanzbeamtin weniger milde stimmen können. Wie der Zufall es wollte, fand an diesem Wochenende mein Seminar statt, und ich lud ihn ein, daran teilzunehmen. Am darauffolgenden Montag traf er sich dann mit der Finanzbeamtin. Nach einer Stunde sagte sie: »Also ich glaube, wir können die Steuernachzahlung auf einen Betrag unter 10 000 Dollar korrigieren.« Er dankte ihr überschwänglich.

Daraufhin sagte sie: »Wissen Sie, Mr. Smith, ich wollte Ihnen etwas Gutes tun. Alle, die hier reinkommen, sind wütend, aber Sie waren's nicht.« Mein Klient berichtete mir, dass er Mühe hatte, an sich zu halten und nicht laut loszulachen – über sich selbst.

Es ist wirklich unglaublich, dass manche Menschen die Vorstellung vertreten, einen anderen Menschen dazu bringen zu können, etwas zu tun, indem sie wütend werden. Unbarmherzig bombardieren sie jemand anderen, zum Beispiel einen städtischen Angestellten, mit feiner Ironie und Empörung, obwohl er oder sie weder für die Situation verantwortlich ist, noch in irgendeiner Weise daran interessiert ist, zur Zielscheibe ihrer Beschimpfungen zu werden. Diese Einstellung kann den Angestellten in seinem Entschluss nur bestärken, auf einer engen Auslegung der rechtlichen Bestimmungen zu bestehen, ohne Rücksicht auf die Situation des Angreifers zu nehmen.

Bedauerlicherweise ist die Freude des Angestellten, Ihre Pläne zu durchkreuzen, ein Teil des Wutkonzepts. Der Ausdruck »Schadenfreude« beschreibt in der Tat die Freude, die manche Menschen über den Schmerz derjenigen empfinden, die ihnen ihrer Meinung nach übel mitgespielt haben. Dies ist einer der Mechanismen, der die Wahrscheinlichkeit erhöht, dass Ihr Wutausbruch auf Sie selbst zurückfällt. Getreu dem alten Sprichwort: »Wie man in den Wald hineinruft, so schallt es heraus.«

Wer aus Wut handelt, handelt dumm

Mag sein, dass das mit der Wut manchmal funktioniert, und wir mit ihrer Hilfe das Gewünschte erlangen. Aber wenn wir wütend werden, begeben wir uns unverzüglich in eine schwächere Position, weil wir dann nicht mehr klug handeln. Die Tatsache, dass die Wut dafür sorgt, dass wir uns dumm verhalten, entspricht im Grunde der Funktionsweise unseres Gehirns. Die bahnbrechende Untersuchung des New Yorker Neurowissenschaftlers Joseph E. LeDoux bestätigt, dass die Wut in einem kleinen, primitiven Teil unseres Gehirns, der Amygdala entsteht (in der auch die Kampf-oder-Flucht-Reaktion ihren Ursprung hat). Die Amygdala reagiert automatisch und prompt – sie ist so schnell, dass der Vorderhirnlappen, in dem Logik und Vernunft entstehen, nicht schnell genug agieren kann, um diese heftige Emotion zu besänftigen. Solange es ausschließlich ums primitive Überleben ging, war das eine feine Sache. Wer von einem Mammut verfolgt wurde, war ganz klar im Vorteil, wenn er schnell reagieren konnte. Aber im Falle von Wut erfolgt die Antwort der Amygdala zu heftig und zu schnell, so dass unser Verstand aussetzt. Anders ausgedrückt heißt das, dass wir keinen Zugriff mehr auf unsere Ratio haben, wenn wir uns in den Fängen der Wut befinden, was wiederum erklärt, warum wir so oft töricht handeln, wenn uns die Wut packt. Nach einem Wutausbruch fragen wir uns deshalb oft: »Was hab ich mir bloß dabei gedacht?« Seien wir ehrlich: Sie haben überhaupt nicht gedacht.

Hinzu kommt, dass bei Wutanfällen die wechselseitige Kommunikation zwischen den beiden Gehirnhälften im Vorderhirnlappen beeinträchtigt wird, wie der Neurowissenschaftler Matthew D. Lieberman von der University of California in Los Angeles wissenschaftlich untersucht hat. Das Blut und der Sauerstoff, die für den Wutanfall in der Amygdala benötigt werden, lassen den Vorderhirnlappen träge werden. Oder anders ausgedrückt, wenn Ihre Amygdala und Ihr Vorderhirnlappen einander in einem Duell gegenüberstünden, hätte die Amygdala längst geschossen, während der Vorderhirnlappen noch die Pistole lädt.

Wenn die Vernunft dem Drang, unseren Gefühlen freien Lauf zu lassen, unterliegt, verringern sich unsere Chancen auf einen positiven Ausgang der Situation ganz erheblich. Wenn wir unsere Möglichkeiten allein auf Wutausbrüche beschränken, schränken wir unsere Optionen ein, die Situation bestmöglich zu meistern.

Einen häufigen Auslöser von Wutattacken bildet der Computer, auf den ich, wie auch viele andere, inzwischen angewiesen bin. Computer können ohne besonderen Grund plötzlich nicht mehr auf Tastenbefehle reagieren. Dann muss man sie komplett ausschalten, und nach dem Neustart erscheint in der Regel eine rätselhafte Fehlermeldung auf dem Bildschirm, die in etwa so lautet: »Der Computer wurde nicht korrekt heruntergefahren, nach möglichen Fehlerursachen wird gesucht.« Jedes Mal, wenn mir das passierte, geriet ich während des Wartens derart in Rage, dass ich mich bremsen musste, den Computer nicht aus dem Fenster zu werfen.

Eines Tages arbeitete ich mit einem Freund, als der Computer wieder abstürzte. Er fuhr ihn herunter und schaltete ihn dann wieder ein. Als die besagte Fehlermeldung auf dem Bildschirm erschien, drückte er die Taste X und der Computer fuhr ganz normal hoch. Ich begriff, dass ich mich die ganze Zeit von einer Metallkiste hatte in Rage bringen lassen, anstatt eine rationale Lösung zu suchen.

Ein solcher Wutausbruch gegenüber einem leblosen Gegenstand trägt in seiner Sinnlosigkeit sogar komische Züge. Wenn uns ein Gegenstand im Stich lässt, schlagen wir vielleicht drauf oder versetzen ihm einen Fußtritt, wobei wir uns sogar noch selbst verletzen können.

Schwerwiegender ist es allerdings, wenn die Ursache unserer Wut ein Mensch ist und kein Gegenstand.

Letzterer kann nicht auf unseren Angriff reagieren, aber ein Mensch könnte zurückschlagen, wenn wir die Dreistigkeit besitzen, ihm zu unterstellen, dass er uns im Stich gelassen hat oder etwas hätte besser machen können. Als Zugabe könnte sich die Person auch rächen, indem sie unsere Feindseligkeit noch überbietet. Eine Auseinandersetzung könnte dann so aussehen:

A: »Also, das haben Sie ja wirklich verbockt.«
B: »Ich und verbockt? Wenn Sie mir die Informationen rechtzeitig gegeben hätten, wäre das nicht passiert.«
A: »Ich und keine Informationen gegeben? Sie Idiot, das lag doch in Ihrer Verantwortung.«
B: »Sie sind wohl nie an etwas schuld. Die schieben Sie immer schön auf andere, Sie selbst aber halten sich fein raus.«
A: »Sie sind ein hoffnungsloser Fall. Mit Ihnen will ich nichts mehr zu tun haben!«

Haben Sie bemerkt, dass das, was als Kritik an einer einzelnen Sache angefangen hat, damit endet, dass beide den jeweils anderen komplett runtermachen und mit ihm brechen, zumindest was die zukünftigen geschäftlichen Beziehungen angeht. Anstatt den beidseitigen Wutaustausch zu beenden, sind am Schluss beide Kontrahenten unzufrieden. Obwohl dies wahrscheinlich keiner zugeben würde, haben doch beide verloren. Sie haben nicht nur für den Augenblick eine Beziehung beendet, sondern sie haben noch dazu eine Hürde geschaffen, die es schwer machen wird, die Beziehung wiederherzustellen.

Als ich eines Tages beim Tanken war, kam eine Frau mit einem kleinen Kind aus dem Supermarkt. Das Kind weinte, und die Frau schrie: »Es ist mir ganz egal, was du machst, ich steige jetzt ins Auto und fahre heim.« Ich nahm an, dass das Kind schrie, weil es ein Eis oder Süßigkeiten wollte und sie es ihm versagt hatte. Immer noch weinend nahm das Kind in seinem Kindersitz Platz und schnallte sich an. Die Frau ließ den Motor an, drehte sich zu dem Kind um und schimpfte weiter. Das Auto fuhr los und geradewegs auf einen Pfosten zu.

»Schau dir bloß an, was du angerichtet hast«, schrie sie.

Vor lauter Wut machte die Frau mehrere sich bitter rächende Fehler. Sie fuhr vor, noch während sie den Kopf nach hinten gewandt hatte, was allein schon für sich spricht. Sie gab jemand anderem die Schuld für ihren Fehler, was geradezu ein Rezept ist für zukünftiges Fehlverhalten. Wenn wir die eigenen Anteile an unserem Unglück, die Rolle, die wir darin spielen, nicht erkennen, können wir auch das Verhalten nicht ändern, welches dazu geführt hat und das mit fast hundertprozentiger Sicherheit dafür sorgt, dass es sich wiederholt. Und sie überlegte auch keinen Augenblick lang, welche Schäden sie bei ihrem Kind durch ihre Wut anrichten könnte, ganz zu schweigen davon, dass sie ein schlechtes Vorbild für die Bewältigung von Frustration bot.

Man könnte hier auch das Sprichwort zitieren, das besagt: »Handle nie in Wut. Es bedeutet, im Sturm in See zu stechen.«

Die Physik der Wut

Als ich Physik studierte, wurde das Prinzip der Kettenreaktion anhand von Mausefallen demonstriert, die sich in einem Kasten befanden, dessen eine Seite aus Glas bestand. Auf dem Boden des Kastens befanden sich die Mausefallen, die so präpariert waren, dass sie jederzeit zuschnappen konnten. Statt des üblichen Stücks Käse lagen zwei Murmeln in jeder Falle. Wenn die erste Falle zuschnappte, trafen die zwei Murmeln auf zwei weitere Fallen, die dann auf vier Fallen auftrafen, die wiederum acht Fallen zuschnappen ließen usw. In sehr kurzer Zeit flogen unzählige Murmeln durch den Kasten. Das physikalische Prinzip sorgt für die Kettenreaktion der Murmeln. Das gleiche zuverlässige Prinzip funktioniert auch bei der Wut, deren Ausbruch in jedem Fall eine Kettenreaktion auslöst.

Das nur allzu gut bekannte Szenario besteht darin, dass jene Wut, die an einem anderen ausgelassen wird, bei diesem ähnliche Gefühle hervorruft. Wut zu unterdrücken ist unbehaglich oder sogar schmerzhaft, und die Person, gegen die sich die Wut richtet, wird sich möglicherweise rächen. Wenn dies jedoch nicht möglich ist, trifft ihre Wut unter Umständen andere Personen, die überhaupt nichts mit dem Vorfall zu tun haben.

Wir alle wissen, was geschieht, wenn die Wut nicht auf direktem Wege zurückgegeben werden kann, weil die Person beispielsweise der Chef ist oder der Partner oder sich wie in Verkehrssituationen nicht in greifbarer Nähe befindet. Die angestaute Wut wird dann an denjenigen weitergegeben, der das scheinbar geeignetste Opfer ist.

Dieses Ausleben von Wut verschafft jedoch keinerlei Befriedigung, da man sich ja nicht bei der Person, die einen wütend gemacht hat, revanchieren konnte. Stattdessen kommt es zu einer Kettenreaktion, die vielleicht folgendermaßen verläuft: Sie beginnt damit, dass A, der Chef, seiner Wut auf B Ausdruck verleiht. B, der sich nicht an seinem Chef rächen kann, unterdrückt nun die Wut und sucht nach einer Möglichkeit, diese loszuwerden. B lässt seine Wut vielleicht an seinen Untergebenen C und D aus. Weil auch diese die Wut nicht direkt erwidern können, nehmen sie sie mit nach Hause und lassen sie an geeigneten Opfern, ihren Kindern oder dem Hund, aus. Nur der Hund, der eine buddhistische Natur hat, unterbricht die Kettenreaktion. Aus einer wütenden Person werden also zwei, und aus zwei werden vier usw.

In der Familie meiner Frau wird der Ausdruck »der dritte Bär« gebraucht, um zu beschreiben, dass jemand unabsichtlich in das Schicksal eines anderen hineingezogen wird. Zwei Bären machen sich an der Müllhalde zu schaffen; der erste Bär steht ganz oben und grapscht sich eine Köstlichkeit nach der anderen, als der zweite Bär Anstalten macht, es ihm gleichzutun. Da dreht sich der erste Bär um und haut mit der Pranke nach dem zweiten, der sofort das Weite sucht. Auf seinem Weg nach unten begegnet der zweite Bär einem dritten Bären, der versonnen vor sich hin schaut, und brät nun seinerseits diesem eins über. Wenn also jemand grundlos zum Opfer eines Wutausbruchs wird, heißt es in der Familie meiner Frau: »Der ist gerade zum dritten Bären geworden.«

Wenn Wutausbrüche aus verschiedenen Anlässen aufeinandertreffen, verstärken sie sich in der Regel noch gegenseitig. Das Ergebnis ist eine wütende Gesellschaft. Man kann sich leicht ausmalen, dass die Wutenergie, die wir in Bewegung setzen, eine 360-Grad-Drehung macht und zu uns zurückkommt.

Buddha sagt:

Sprich nicht unfreundlich mit deinen Mitmenschen,
denn sie könnten mit scharfen Widerworten reagieren.
Wütende Worte tun weh,
und Vergeltung könnte dich ereilen.

Wie Wut Beziehungen vergiftet

Was passiert mit den Menschen, die in diesem Szenario nicht mitspielen? Ein Mensch, der soeben einen Wutanfall hatte und sich dann ins Auto setzt, bedeutet eine Gefahr für seine Umwelt. Aber seine Wut entfremdet ihn nicht nur von den anderen, anonymen Fahrern, sondern auch von denen, mit denen er notgedrungen in Kontakt treten muss.

Erfahrene Anwälte raten ihren Klienten, im Zeugenstand vor Gericht niemals wütend zu werden. Wer dies tut, riskiert die Verärgerung der Geschworenen. Um einen Menschen, der als jähzornig bekannt ist, werden die anderen einen großen Bogen machen. Chronische Wut hält unsere Mitmenschen auf Distanz und kann uns sogar von ihnen isolieren. Dabei ist es egal, ob es sich um unsere Partner, unsere Kinder oder um langjährige Freunde handelt, wenn sie nicht verstehen, warum man wütend auf sie ist. Wir alle wissen, dass keiner es gerne mit wütenden Menschen zu tun hat. Trotzdem verhalten sich manche Menschen so, als gelte diese Binsenweisheit für alle, nur nicht für sie.

Der Chef, der über jede Kleinigkeit in Wut gerät, wird wahrscheinlich über kurz oder lang feststellen müssen, dass die Arbeitsleistung in seiner Abteilung sinkt und die Fluktuation steigt. Wer will schließlich von einem dauerhaft wütenden Menschen Anweisungen entgegennehmen? Der Ehemann, der seine Frau ständig kritisiert, führt zwar eine Ehe, die Entfremdung von der Partnerin ist jedoch vorprogrammiert. Im Seminar drückte es einer der Teilnehmer so aus: »Du wirst zwar gevögelt, aber nicht geliebt.«

Die Wutenergie, die wir ausstrahlen, löst sich nicht auf, auch dann nicht, wenn wir gar nicht mehr wütend sind. Tatsache ist, dass Wut immer dann, wenn sie zum Ausdruck gebracht wird, eine Eigendynamik entwickelt. In gewisser Weise verschmutzt sie die Umwelt. Wir schütten Chemikalien in einen Fluss und hoffen, dass sie sich auflösen. Wenn sie an anderer Stelle wieder auftauchen, tun wir so, als hätten wir von ihrer Wirkung nichts gewusst. Wut ist wie jede andere Verschmutzung, sie wird gespeichert, und sie vergiftet.

In einer Folge von *Star Trek* kam ein außerirdisches Wesen auf das Raumschiff. Es war sehr mächtig und stiftete Unfrieden zwischen den Crews. Als es angegriffen wurde, verhielt es sich noch zerstörerischer. Kirk fand heraus, dass das Wesen seine Energie aus den negativen Gefühlen der Crew bezog. Als alle nur noch lachten, wurde das Wesen immer schwächer, bis es sich schließlich auflöste. Das ist eine gute Metapher für den Umgang mit Wut. Man könnte auch den alten Slogan verwenden: Stell dir vor, es ist Krieg, und keiner geht hin.

Wenn wir wütend sind, glauben wir, dass wir die Dinge allein dadurch richtigstellen können, dass wir über unsere Gegner triumphieren. Wenn die Wut auf uns gerichtet ist, können wir anscheinend gar nicht anders, als ebenfalls wütend zu werden. Weil uns jemand beleidigt oder beschimpft hat, glauben wir, wütend werden zu *müssen*. Aber es gibt kein Gesetz, in dem dies geschrieben steht. Glück und Wohlbefinden werden auf andere Art und Weise erreicht.

Wut und Bewusstsein

Ich und wütend?

Zwei Mönche namens Tanzan und Ekido waren unterwegs auf einer matschigen Straße. Heftiger Regen prasselte auf sie nieder. Als sie um die Ecke bogen, erblickten sie ein hübsches Mädchen in einem seidenen Kimono, das anscheinend Mühe hatte, die Straße zu überqueren. »Komm, Mädchen«, sagte Tanzan sofort, hob sie hoch und trug sie über die matschige Straße.

Zwei Stunden lang gingen Tanzan und Ekido schweigend nebeneinander her, ganz in der Tradition der Mönche, wenn sie außerhalb des Klosters waren. Als das Kloster in Sicht kam, konnte Ekido sich nicht länger zurückhalten: »Wir Mönche haben keinen Kontakt mit Frauen«, belehrte er Tanzan. »Ich kann gar nicht glauben, dass du eine Frau berührt hast – ja, sie eigentlich sogar umarmt hast.«

»Ich hab sie vor zwei Stunden abgesetzt«, antwortete Tanzan. »Trägst du sie immer noch?«

Trotz seiner Zen-Ausbildung war sich der Mönch Ekido in der Geschichte von den zwei Mönchen nicht bewusst, dass er Wut hegte. Wir können sogar unablässig wütend sein, ohne es zu wissen, auch wenn es für andere, genau wie für Ekidos Mönchsbruder Tanzan vollkommen offensichtlich ist. Es sorgt immer für große Heiterkeit, wenn jemand zu seinem puterrot angelaufenen, schreienden Freund sagt: »Also, du brauchst dich doch nicht aufzuregen«, und dieser darauf antwortet: »Ich rege mich überhaupt nicht auf!«

Viele Kräfte wirken zusammen, wenn wir unsere Wut unterdrücken, um sie uns nicht eingestehen zu müssen. Zu Beginn einer Therapie fragt der Therapeut oft: »Hat Sie das nicht wütend gemacht?«, worauf der Klient mit den Worten protestiert: »Aber nein, ich war nicht wütend«, bis schließlich irgendwann dann doch die Maske fällt.

Manche Menschen sind in Familien großgeworden, in denen negative Gefühle nicht gezeigt werden durften. Andere wiederum wollen sich ihre Wut vielleicht nicht eingestehen, weil sie sie als negativ empfinden und sich schämen, sie zuzulassen. Sie haben vielleicht auch Angst vor dem, was sie in der Wut anstellen könnten, oder davor, dass dann andere ebenso wütend reagieren. Man könnte auch sagen, sie weigern sich, Ja zu sagen zu ihrer Wut. Sie wollen an der Illusion festhalten, dass sie ein vollkommen selbstloses Wesen sind, das nach bestem Wissen und Gewissen handelt und das sich nie dermaßen niederen Gefühlen hingeben würde.

Ein weiterer Faktor, der verhindert, dass wir uns unsere Wut eingestehen, ist die Angst davor, von ihr überwältigt zu werden. Aber das Gegenteil ist der Fall. Gerade die nicht eingestandene Wut ist es, die häufig zu dem Satz führt: »Ich weiß gar nicht, was über mich gekommen ist.« Diese Verleugnung zerstört nicht nur die Möglichkeit, sich mit der Wut auseinanderzusetzen, sondern führt auch dazu, dass eine sinnvolle Kommunikation nicht mehr möglich ist. Trotzdem tritt die Wut direkt oder indirekt immer wieder auf. Wie zum Beispiel in folgenden Situationen:

- Während einer Verabredung mit einem Arzt ertappt sich eine Frau dabei, wie sie ihm erzählt, welch tolle Männer sie hatte und wie wunderbar jene sich ihr gegenüber verhalten haben. Als sie später erwähnt, dass sie wegen ihrer Rückenschmerzen gerne zur Akupunktur gehen würde, meint er: »Akupunktur hat noch niemandem geholfen. Warum gehen Sie nicht in die Kirche? Das wäre genauso wirkungsvoll und weniger kostspielig.«
- Ein Mann, der sich vor kurzem von seiner Freundin getrennt hat, neigt plötzlich zu Unfällen. Erst fällt ihm eine gusseiserne Pfanne auf den Fuß, dann haut er sich mit dem Hammer auf den Finger, und schließlich rammt er beim Ausparken einen Zementpfeiler.

- Eine Frau, die in eine andere Stadt gezogen ist, verabredet sich schon einen Monat im Voraus für einen Samstagabend mit einer Freundin in ihrer alten Heimatstadt. Als sie dort eintrifft, ruft sie ihre Freundin an und fragt, ob sie sich stattdessen schon am Freitag treffen könnten. Die Freundin ist einverstanden. Am Freitagvormittag ruft die Frau, die zu Besuch ist, an und fragt, ob sie sich eine halbe Stunde früher, also um 18 Uhr treffen könnten. Die Freundin ist zur vereinbarten Zeit im Restaurant, wo sie durch einen Anruf erfährt, dass sich die Frau verspätet. Als diese um 18.45 Uhr eintrifft, sagt die wartende Freundin: »Wir wollten uns eigentlich um 18 Uhr treffen.« Die Besucherin reagiert unwirsch und sagt: »Wenn du wütend bist, dann vergessen wir das Ganze lieber«, steht auf und verlässt das Restaurant.
- Ein Mann will seinen Geschmack und sein Urteilsvermögen unter Beweis stellen, indem er alles und jeden kritisiert. Das Buch, das er gelesen hat, war nicht so gut, der Film hätte besser sein können, das Restaurant ist zu teuer, die Freundin seines Freundes ist nicht wirklich hübsch.

Erkennen Sie sich in einer dieser Situationen wieder? Sie sind alle Ausdruck von Wut – bewusst und unbewusst. Das bekannte Phänomen der »passiven Aggression«, bei der negative Gefühle passiv, das heißt durch Verdrossenheit oder absichtliche Leistungsschwäche ausgedrückt werden, ist eines davon. Ein Mensch, der sich so verhält wie die Frau im obigen Beispiel, die zu spät kam und dann ihrer Freundin die Schuld gab, ist sich vielleicht seiner feindseligen Gefühle gar nicht bewusst, ebenso wenig wie des Schadens, den ein solches Verhalten anrichten kann. Genauso könnte sich ein Mensch, der in Gegenwart anderer Zigarren raucht oder mit einem knatternden Auspuff Motorrad fährt, der Beeinträchtigung der anderen nicht bewusst sein. Manchmal bricht sich die unterschwellige Wut Bahn in einem sogenannten Freud'schen Versprecher. Anstatt »Meine Frau hat Besenreiser« wird etwa gesagt »Mein Besen hat …«

Nicht zugelassene Wut tritt mitunter aber auch in Handlungen zutage, die dem Betroffenen selbst oder unbeteiligten Dritten Schaden zufügen, indem beispielsweise etwas fallen gelassen oder die Suppe verschüttet wird, oder indem man plötzlich zu Unfällen neigt. Auch eine chronische Depression kann ein Ausdruck von Wut sein, die ständig nach innen, also gegen die eigene Person gerichtet wird.

Manche Menschen sind andauernd wütend, drücken dies aber in einer gesellschaftlich anerkannten Art der Kritik aus – ihr Urteilsvermögen und ihr Geschmack sind besser als die der anderen – oder durch Zynismus. In einer Ehe oder Freundschaft wirft ständige Kritik ziemlich sicher einen dunklen Schatten auf die Beziehung. Wenn derart zersetzende Kritik gegen Kinder gerichtet ist, kann deren Selbstwertgefühl ernsthaft Schaden nehmen und zu Apathie und Leistungsabfall, wenn nicht sogar zu Hass und offener Aggression führen. Für manche Menschen ist dieser kritische Daseinszustand so allumfassend, dass er im Wesentlichen ihre Persönlichkeit bestimmt.

Obwohl es viel leichter ist, diese Verhaltensmuster bei anderen zu erkennen, sollten Sie versuchen, die Wut und die Art und Weise, wie Sie sie vielleicht indirekt ausdrücken, bei sich selbst festzustellen. Man muss sich die Wut bewusst machen, wenn man etwas daran ändern will, und manchmal reicht es aus, wenn man sie wahrnimmt, um so in der Lage zu sein, wenigstens ab und zu ohne sie auszukommen. Manchen Menschen, die abnehmen wollen und deswegen ein Diättagebuch führen, reicht es oftmals, wenn sie einfach aufschreiben, was sie den Tag über so essen, um ein paar Pfunde loszuwerden. Diejenigen, die das Rauchen aufgeben wollen, wickeln ein Papier um ihre Zigarettenschachtel und schreiben die Zeit und die Gefühle auf, die sie registrieren, wenn sie nach einer Zigarette greifen. Schon das allein ist eine wichtige Voraussetzung für die Befreiung von der Sucht... Der erste Schritt ist also, sich seine Wut einzugestehen. Solange Sie nicht aktiv werden, wird niemand außer Ihnen Buch führen, ganz gleich, wie oft Sie wütend werden.

✦ **ÜBUNG:** Gestehen Sie sich Ihre Wut ein

Und los geht's. Lassen Sie die letzten 24 Stunden Revue passieren. Waren Sie irgendwann wütend, gereizt, beleidigt oder ungeduldig? Versuchen Sie nicht zu analysieren oder zu urteilen, ob Ihre Gefühle angebracht oder gerechtfertigt waren. Schreiben Sie lediglich eine kurze Zusammenfassung dessen auf, was passiert ist: »Frau am Steuer hat telefoniert und ist verboten gefahren«, oder »Kate hat mir alle Krabbenhäppchen weggegessen.« Schreiben Sie so viele Vorkommnisse auf, wie Ihnen nur einfallen.

✎

Wissen, wann man wütend ist

Im Kapitel »Die Ursachen von Wut« haben wir erfahren, dass die Ursache von Wut unerfüllte Erwartungen sind. Die Frage »Warum habe ich diese Erwartung?« könnte also der Schlüssel sein, um unsere Wut zu verstehen. Manchmal unterdrücken wir die Wut und gestehen sie uns nicht ein, obwohl wir spüren, dass etwas nicht in Ordnung ist. Vielleicht haben wir das Gefühl, dass wir nicht angemessen reagieren. So könnten wir die Tatsache, dass unser Partner vergessen hat, die Stromrechnung zu bezahlen und als Folge dessen der Strom abgeschaltet wurde, mit der Bemerkung abtun: »Fehler passieren nun einmal.« Das wäre wunderbar, wenn wir es wirklich so meinten. Aber stattdessen gerät jedes Mal, wenn wir daran denken, unser Blut in Wallung. Das könnte ein Symptom für unsere Wut sein, die wir uns nicht eingestehen und mit der wir uns nicht auseinandersetzen.

Der unbewusste Subtext könnte lauten: »Warum muss ich immer der Gute sein?« »Warum bin ich immer das Opfer?« Wenn Sie in einer solchen Situation das Ereignis noch einmal Revue passieren lassen und sich fragen, ob Sie unerfüllte Erwartungen hegen, könnte Ihnen die Ursache der Wut und die Tatsache, dass Sie überhaupt Wut verspüren, bewusst werden. Erst dann können Sie anfangen, Ihre Wut zu bearbeiten.

Manchmal fühlen wir uns nicht nur unwohl, sondern spüren darüber hinaus körperliche Symptome der Wut – geballte Fäuste, Bluthochdruck, Pulsrasen, Adrenalinschub, zusammengebissene Zähne und angespannte Muskeln. Wir müssen uns diesen körperlichen Empfindungen stellen und sie anerkennen. Die wichtigste und bekannteste Art und Weise, unserer Wut Ausdruck zu verleihen, ist jedoch die Sprache. Verbale Entgleisungen und Aggression können ebenso als Angriff gewertet werden wie eine Ohrfeige oder Drauflosschlagen. Dazu gehören Flüche und Obszönitäten, die die Wutausbrüche unterstreichen, sowie rassistische Verunglimpfungen und andere Arten von Beleidigungen. Stereotype Beschimpfungen – »Alle Anwälte sind gierig«, »Alle Muslime sind Terroristen« – lassen die Wut auf eine Gruppe oder eines ihrer Mitglieder erkennen.

Auch Sarkasmus weist immer auf Wut hin – »Ich *wusste*, dass du das tun würdest.« »Nennst du das vielleicht gute Arbeit?« Spott und Hohn werden oft schon durch den Tonfall ausgedrückt. »Das ist aber ein hübsches Kleid«, kann sowohl ein Kompliment sein als auch eine Beleidigung, je nachdem, welchen Ton wir anschlagen.

Genauso lässt sich mit Humor indirekt Feindseligkeit ausdrücken, wenn nicht gar Wut, wie die unzähligen Witze über Blondinen, Friesen, andere ethnische Gruppen und geschlechtsbezogene Witze zeigen.

»Wenn ein Mann allein im Wald vor sich hin redet und

keine Frau in Sicht ist, ist er dann auch gleich im Unrecht?«

Oder der über das starke Geschlecht: »Warum sind die Israeliten 40 Tage in der Wüste umhergewandert?«

»Weil Männer einfach nie nach dem Weg fragen.«

Sogar Schweigen und fehlende Kommunikation kann Ausdruck von schwelender, versteckter Wut sein wie bei dem wohlbekannten »Schweigen«, wenn einer den anderen vollkommen ignoriert.

✦ **ÜBUNG:** Wie drücken Sie Ihre Wut aus?

Nachdem Sie jetzt wissen, auf welch subtile Art und Weise sich Wut tarnen kann, sollten Sie versuchen, sich klarzumachen, wie Sie in der Regel Wut ausdrücken, auch wenn Sie sich dessen bisher nicht wirklich bewusst waren. Benutzen Sie bestimmte Redewendungen? Gesten?

Vielleicht können Sie jetzt noch einige Punkte auf Ihrer Wutliste ergänzen.

✎

Unterschiedliche Formen von Wut

In der westlichen Welt wird die Wut als Sünde bezeichnet (obwohl es einen zornigen Gott gibt, der von ihr Gebrauch macht), in der östlichen Philosophie dagegen als Sucht, eines der drei Hauptgifte (neben der Gier und der Täuschung), die Leid hervorrufen. In seinen Schriften bezeichnet Buddha die Wut als »goldene Krone mit einer vergifteten Wurzel«. Obwohl ihr Suchtpotenzial sie anziehend erscheinen lässt, ist sie ein zweischneidiges Schwert, denn es verwundet nicht nur den Menschen, auf den es gerichtet ist, sondern auch denjenigen, der es schwingt.

Alte buddhistische Lehrer benennen eine ganze Reihe von Haltungen – Verärgerung, Verstimmung, Missbilligung, Ungeduld, die Trennung der Welt in Freund und Feind sowie das Festhalten an eigenen Ansichten und Meinungen, Vorlieben und Abneigungen – als Bestandteile der Sucht nach Wut, weil sie zu Zorn führen und ihn jederzeit ausbrechen lassen können. Im Tibetischen gibt es das Wort *shenpa*, das die Last und die süchtig machende Natur unserer Vorlieben und Abneigungen bezeichnet. Wenn jemand nicht einer Meinung mit Ihnen ist, dann ist er Ihnen »ein Dorn im Auge«. »Menschen können sich dem Frieden oder der Bewahrung der Umwelt verschreiben«, sagt die amerikanische Buddhistin Pema Chödrön, »und gleichzeitig auf einer Friedensdemo aufeinander einprügeln. Es ist egal, wie sehr wir im Recht sind, wir bestärken damit lediglich ein Aggressionsmuster.« Wir weigern uns, den Menschen als menschliches Wesen zu sehen, stattdessen betrachten wir ihn als Problem oder als Feind. »Es steht lediglich eine Meinung gegen die andere, aber damit halten wir den Krieg und die Grausamkeit am Leben.«

Bewusstheit erlangen

Wut hindert uns daran, das Leben in seiner ganzen Fülle zu genießen. Größere Bewusstheit – das bloße Wahrnehmen der eigenen Gewohnheiten, ohne sie zu bewerten – kann die Wut in unserem Leben reduzieren. Dies wiederum macht uns frei dafür, die Dinge gelassener zu betrachten, und ebnet damit den Weg für Veränderungen.

Wie schon an früherer Stelle gesagt, geht es beim Buddhismus im Wesentlichen um Bewusstheit, um Gewahrsein, darum, lebendig und wach in der Gegenwart zu sein. Wenn wir »denken«, so denken wir oft vor allem daran, was in der Vergangenheit war oder in Zukunft sein wird, anstatt uns dem hinzugeben, was im Hier und Jetzt geschieht. Wir können auf einem hohen abstrakten Niveau operieren, Pläne für die Zukunft entwickeln, und Überlegungen anstellen, wie wir unser nächstes Ziel am besten erreichen.

Und wir haben beim Autofahren wahrscheinlich alle schon einmal die richtige Abzweigung verpasst und es erst ein paar Kilometer weiter bemerkt. Oder verzweifelt unsere Sonnenbrille gesucht, nur um schließlich festzustellen, dass wir sie auf dem Kopf tragen. Wir befinden uns weder körperlich noch geistig wirklich ganz im Hier und Jetzt.

Eines Abends hatten wir Freunde zum Essen eingeladen; sie erzählten endlos von ihrem kürzlichen Ausflug nach New York und wie unglaublich teuer die Stadt doch sei. Der Ehemann berichtete, dass das Essen für sechs Personen in einem noblen Restaurant 1400 Dollar gekostet hatte. Meine Tochter schnappte nach Luft und fragte: »Du meine Güte, was habt ihr denn gegessen?« Der Mann überlegte kurz und erwiderte: »Das hab ich vergessen.« Ganz offensichtlich hatte er sich so sehr auf die Preise konzentriert, dass er das Essen gar nicht richtig wahrgenommen hatte.

In einem klassischen Experiment sollten sich Erwachsene einen Film ansehen und anschließend angeben, wie oft bestimmte Personen in dem Film den Ball anderen zugeworfen hatten. Ungefähr in der Mitte des Films bewegte sich ein als Gorilla verkleideter Mensch durch die Gruppe der Ballspieler hindurch. Überraschend viele Teilnehmer konzentrierten sich so sehr auf ihre Aufgabe, dass sie den unerwarteten Auftritt des Gorillas gar nicht bemerkten.

Die für ihre Forschung auf dem Gebiet der kognitiven und sprachlichen Entwicklung von Babys und Kleinkindern bekannte Psychologieprofessorin an der University of California in Berkeley, Alison Gopnik, erklärt dieses Phänomen damit, dass wir im Laufe unseres Lebens lernen, uns auf ein Ziel zu konzentrieren und deshalb nur das weiterverfolgen, was uns nutzt. Babys dagegen faszinieren unerwartete Ereignisse; sie werden von allem, was neu und ungewöhnlich ist, von dem sie lernen können, geradezu angezogen. »Babys entdecken, Erwachsene verwerten«, so fasst es Gopnik zusammen.

Nach Auffassung des Buddhismus verlieren Erwachsene das, was Shunryu Suzuki, einer der Begründer des amerikanischen Buddhismus, den »ursprünglichen Geist« nennt. In seinem Buch *Zen-Geist, Anfänger-Geist* schreibt er: »Unser ursprünglicher Geist schließt alles in sich selbst ein. Er genügt sich stets selbst. Deshalb sollte man den selbstgenügsamen Geisteszustand niemals verlieren. Das bedeutet jedoch nicht, verschlossen zu sein, sondern vielmehr offen und bereit zur Aufnahme. Wenn der Geist offen ist, ist er bereit für alles und jedes … Im Geist des Anfängers existieren viele Möglichkeiten, im Geist des Erfahrenen dagegen nur wenige.«

✦ AUFGEPASST

Tragen Sie eine Armbanduhr? Wenn ja, bedecken Sie sie jetzt mit der Hand und beantworten Sie folgende Fragen:

Wie sieht Ihre Uhr aus? Hat sie eine Inschrift? Sind die Ziffern römisch, arabisch oder nur einfache Striche? Hat Ihre Uhr einen Sekundenzeiger?

Werfen Sie jetzt einen Blick auf Ihre Uhr. Wie genau konnten Sie sie beschreiben?

Bedecken Sie jetzt Ihre Uhr noch einmal mit der Hand. Wie spät ist es?

Obwohl die meisten von uns ihre Uhr schon unzählige Male gesehen haben, geben nur wenige die richtigen Antworten. Viele können ihre Uhr nur ungenau beschreiben, und fast keiner hat sich die Uhrzeit gemerkt. Diese Übung ist ein einfaches Beispiel für unseren allgemeinen Mangel an Bewusstheit.

Wenn wir unseren »ursprünglichen Geist« verloren haben und unser Kopf mit Kategorien, Klassifizierungen, Vorurteilen und erlernten Reaktionen ausgefüllt ist, ist es unwahrscheinlich, dass wir spontan auf Menschen und Ereignisse reagieren. Wir reagieren automatisch gereizt, ohne dass wir wahrnehmen, was geschieht, und aus diesem Grunde sind wir unfähig, etwas Neues zu lernen oder anders als sonst auf eine momentane Situation zu reagieren.

In einem Essay mit dem Titel *For the Time Being* schreibt Zoketsu Norman Fischer, Dichter und ehemals Abt des San Francisco Zen Center: »Die meisten von uns wissen nicht, wie es ist, sich lebendig zu fühlen. Wir kennen unsere Probleme, unsere Wünsche, unsere Ziele und unsere Leistungen, aber wir wissen nicht viel über unser Leben. Im Allgemeinen bedarf es eines einschneidenden Erlebnisses, wie zum Beispiel der Geburt oder des Todes eines Menschen, um den Augenblick, den wir geschenkt bekommen haben, wirklich zu leben – diesen Augenblick, der nur im Jetzt existiert, denn er vergeht in dem Moment, in dem er kommt.« Und er folgert daraus: »Wirklich zu leben, heißt zu wissen, dass man im Hier und Jetzt lebt und dass man in diesen Augenblick eintaucht. Leben heißt nicht, dass man sich eine Biografie zusammenschneidert oder einen Leistungskatalog oder eine Beziehung, wobei wir das natürlich ebenfalls tun können. Aber in erster Linie und im Wesentlichen heißt leben, jeden Augenblick zu umarmen, als ob es der erste, der letzte und alle Augenblicke zusammen wären.«

Das Loslassen der Wut auf der einen und das Erlangen von Bewusstheit auf der anderen Seite ist ein auf mehreren Ebenen ablaufender, wechselseitiger Prozess. In dem

Maße, in dem wir unsere Wut loslassen, werden wir uns dessen bewusst, was um uns herum geschieht, anstatt das, was geschieht, zu beurteilen. Und in dem Maße, in dem wir uns bewusst werden, können wir unsere Wut loslassen.

Eine Ursache, die zum Entstehen von Wut führen kann, sind häufige Misserfolgserlebnisse. Vielleicht glauben wir sogar, dass sich die Welt gegen uns verschworen hat. Wir können keine Beziehung aufrechterhalten, verlieren stets nach kurzer Zeit unseren Arbeitsplatz und unsere Kunden springen immer wieder ab. Wenn so etwas zum ersten Mal passiert, machen wir vielleicht noch gute Miene zum bösen Spiel. Wenn sich die Niederlagen jedoch häufen, hadern wir wütend mit dem Schicksal. Obwohl auch guten Menschen Böses widerfahren kann und Erfolg sich mitunter nur dann einstellt, wenn wir uns beharrlich durch viele Niederlagen kämpfen, kann es vorkommen, dass wir immer wieder scheitern, weil wir stets unseren alten Mustern und Gewohnheiten gemäß handeln. Albert Einstein hat es so formuliert: »Verrückt ist der, der immer wieder das Gleiche tut und andere Ergebnisse erwartet.«

Wenn wir stattdessen unser Bewusstsein für unsere alltäglichen Muster schärfen, geben wir der Veränderung eine Chance. In der Vergangenheit bin ich von einem Selbsterfahrungsseminar zum anderen gepilgert. Das eine oder andere habe ich mit einem kurz anhaltenden Hochgefühl verlassen. Trotzdem habe ich mich nicht wesentlich verändert und bin bald darauf wieder im alten Fahrwasser gelandet. Ich blieb derselbe feindselige Kontrolltyp, der von seiner Wut gesteuert wurde. Immerhin stellte ich fest, dass ich in Gegenwart von Fremden andere als meine gewohnten Verhaltensweisen an den Tag legte. Kaum war ich aber wieder in meinem alten Leben und dem üblichen Stress angelangt, traten meine alten Gewohnheiten wieder zutage und mit ihnen auch die alten Probleme.

Eine der Hauptübungen im Buddhismus, die dazu führen sollen, dass durch das wachsende Bewusstsein oder die »richtige Aufmerksamkeit« alte Muster abgelegt werden, ist eine Sitzmeditation, auch *Zazen* genannt.

Der amerikanische buddhistische Mönch Bhikkhu Boodhi erklärt dies so: »Der Geist wird absichtlich in einem Zustand der *bloßen Achtsamkeit* gehalten, einer unvoreingenommenen Beobachtung dessen, was in uns und um uns herum im Augenblick geschieht. Wenn wir uns aber in der richtigen Aufmerksamkeit üben, lernt der Geist, offen, ruhig und wachsam in der Gegenwart zu verweilen und dem Augenblick nachzusinnen. Alle Urteile und Interpretationen werden außer Kraft gesetzt; wenn sie dennoch auftauchen, werden sie zur Kenntnis genommen und dann vergessen.«

EINFACHE MEDITATIONSANLEITUNG

Setzen Sie sich bequem und ruhig auf ein Kissen auf dem Boden oder auf einen Stuhl. Versuchen Sie, sich so hinzusetzen, dass Ihre Wirbelsäule vollkommen aufgerichtet ist und Sie Ihren Kopf locker halten. Auf diese Weise fällt es Ihnen leichter, ganz ruhig zu sitzen, ohne sich zu bewegen.

Konzentrieren Sie sich auf Ihren Atem, wenn er durch Ihre Nasenlöcher einströmt, Ihre Lunge füllt und dann wieder entweicht. Auf keinen Fall sollten Sie versuchen, Ihren Atem zu kontrollieren, Sie sollten ihm lediglich im Geiste auf seinem Weg folgen. Sie stellen beispielsweise fest, dass sich die Luft beim Einatmen kühl anfühlt, beim Ausatmen dagegen warm.

Zählen Sie mit, wenn Sie ausatmen, bis Sie bei zehn angelangt sind. Dann fangen Sie wieder von vorne an. Wenn Sie versehentlich weiter als bis zehn zählen, nehmen Sie davon Kenntnis und fangen einfach wieder von vorne an. Wenn Sie plötzlich anfangen, über irgendetwas nachzudenken, beobachten Sie diese Gedanken, als handle es sich um flockige Wölkchen, die am blauen Himmel aufsteigen, und lassen Sie sie vorbeiziehen.

Wenn Sie in der Lage sind, Ihre volle Aufmerksamkeit auf Ihren Atem zu richten und in Gedanken nicht abschweifen, um beispielsweise ein Problem zu lösen oder Ihren Tag zu planen, dann haben Sie meditiert. Während

Sie so dasitzen, werden Ihnen vielleicht Gefühle bewusst, die Sie bisher unterdrückt oder im Alltagsgeschehen übersehen haben. Vielleicht fällt Ihnen auf, dass Sie auf jemanden wütend sind oder dass Sie den ganzen Tag verstimmt waren und sich beklagt haben, weil irgendetwas Sie genervt hat. Vielleicht steigt ein Gedanke über das, was nicht stimmt, in Ihnen hoch. Lassen Sie ihn für diesen Augenblick vorbeiziehen, um ihn später, wenn Sie von Ihrem Kissen aufstehen, eingehend zu prüfen. Das ist Meditation.

....

Nach Beendigung der Meditation können Sie das gleiche einfache Prinzip in Ihrem Alltag anwenden. Shunryu Suzuki schreibt: »Zu sehen und bereit zu sein, Dinge mit unserem ganzen Sein zu sehen, das ist *Zazen*.« »Sehen« bedeutet in diesem Sinne natürlich nicht nur Sehen. Es beinhaltet Hören, Riechen, Berühren – den Einsatz aller Sinne –, um unsere Erfahrung wahrzunehmen. Nur aus diesem Bewusstseinszustand heraus können wir die Welt erfahren, so wie sie wirklich ist, und nicht so, wie wir *glauben*, dass sie ist.

Aufmerksamkeit ist durch Wärme und Freundlichkeit mit dem Herzen verbunden. Layla Smith, Zen-Priesterin in Larkspur, Kalifornien, drückt es so aus: »Wie fühlt es sich im Körper und im Herzen an? Wir versuchen nicht, Gefühle zu verändern. Aufmerksamkeit ist kein Ziel, sondern nur das klare Verstehen dessen, was gegenwärtig ist.

Und trotzdem trägt sie Früchte – allein durch die Wahrnehmung verschiedener Seinszustände werden sich ein größerer Abstand und mehr Ruhe einstellen, eine Erdung im Hier und Jetzt, eine Wertschätzung der Gegenwart.«

Da wir wählen und entscheiden können, haben wir auch die Möglichkeit, unsere Gewohnheiten, Ansichten und Urteile aufzugeben. Wir müssen uns jedoch nicht dazu zwingen. Es genügt, wenn wir ohne Beurteilung wahrnehmen, dass wir wütend sind – innehalten und erkennen, dass wir eine boshafte Bemerkung gemacht, jemanden verleumdet oder einen geliebten Menschen unglücklich gemacht haben, indem wir wieder einmal zu spät gekommen sind –, um so unsere selbstzerstörerischen Gewohnheiten allmählich zu erkennen. Durch mehr Bewusstheit können Ärger und Wut in unserem Leben reduziert werden, was uns wiederum frei macht, um das, was um uns herum geschieht, gelassener zu sehen und damit den Weg zu bereiten für eine Veränderung. Allein das Bewusstsein sorgt vielleicht dafür, dass sich ein Teil unserer Wut in nichts auflöst.

Stolz, Ehre und andere »Auslöser«

Unsere wunden Punkte

Der Zen-Meister Hakuin war im ganzen Land berühmt für sein selbstloses Leben. Das Dorf, in dem er lebte, ehrte ihn mit Speisen und milden Gaben. Eines Tages fanden die Eltern eines wunderschönen Mädchens heraus, dass es schwanger war. Das Mädchen weigerte sich standhaft, den Namen des Vaters preiszugeben. Auf Druck der Eltern nannte es schließlich Hakuin. Als die Eltern ihn mit der Aussage ihrer Tochter konfrontierten, war alles, was er dazu sagte: »Es ist, wie es ist.«

Die Eltern sagten: »Wenn du es nicht leugnest, müssen wir glauben, dass du der Vater bist.«

Hakuin antwortete: »Es ist, wie es ist.«

Schon bald darauf hatte Hakuin seinen guten Ruf verloren. Als das Kind zur Welt kam, wurde es ihm zur Pflege übergeben. Um den Lebensunterhalt für sich und das Kind zu verdienen, arbeitete er auf dem Reisfeld. Nach einem Jahr konnte das schöne Mädchen es nicht länger ertragen und beichtete den Namen des richtigen Vaters. Ihre Eltern liefen zu Hakuin und baten ihn um Verzeihung: »Wir wissen jetzt, dass du nicht der Vater bist.«

Hakuin antwortete: »Es ist, wie es ist.«

✦

Am Straßenrand erblicken Sie einmal einen Mann, der sich abmüht, einen Autoreifen zu wechseln. Sie halten an und fragen: »Kann ich Ihnen irgendwie helfen?« Der vor Anstrengung schwitzende Reifenwechsler dreht sich um und schreit: »Kümmern Sie sich um Ihren eigenen Mist!«

Was ist gerade passiert? Sie haben einen »Auslöser« betätigt und sind in das persönliche Drama eingetreten, welches sich im Kopf des Reifenwechslers abgespielt hat. Vielleicht hat sein Vater ihm ständig eingetrichtert, er sei ungeschickt und habe zwei linke Hände. Und aufgrund dieser vergangenen schmerzlichen Erfahrungen wird Ihr Hilfsangebot als Grenzüberschreitung aufgefasst.

Wir alle kennen solche Auslöser, jeder hat schon Bekanntschaft mit ihnen gemacht. Der Auslöser vermittelt uns das Gefühl, dass hier etwas automatisch abläuft, was sich ohne Nachdenken und Überlegungen in dem Moment Bahn bricht, wenn wir von der Welt enttäuscht sind.

Wird einer dieser Auslöser betätigt, folgen stereotype, nicht aufhaltbare Reaktionen, so, als wären wir ferngesteuerte Roboter. Ein Fachmann würde vielleicht von einem »Muster« sprechen. Unsere Auslöser wurden zu ganz anderen Zeiten, an anderen Orten und unter unterschiedlichsten Bedingungen programmiert. Aber unsere Antworten darauf sind immer heftig und fast immer schädlich.

»Jeder von uns hat seine Auslöser – Bereiche, in denen wir empfindlich sind«, schreibt Thubten Chodron in *Es ist dein Ärger. Methoden zum Umgang mit starken Gefühlen.* »Wenn jemand diese Auslöser betätigt, fahren wir aus der Haut und geben den anderen die Schuld daran, dass sie uns aufregen. Aber unsere Aufregung ist ein wechselseitiger Prozess, denn wir stellen die Auslöser zur Verfügung, während die anderen sie betätigen. Hätten wir diese Auslöser nicht, könnten die anderen sie auch nicht betätigen.«

Erkennen Sie Ihre Verantwortung

Die Vorstellung, dass man Auslöser hat, die betätigt werden können, setzt auch eine auslösende Person voraus. Menschen, die uns gut kennen und solche, die klug genug sind, unsere empfindlichen Stellen zu erahnen, können uns manipulieren, indem sie genau die Bemerkung machen oder die Geste ausführen, von der sie wissen, dass wir uns dann aufregen. Damit machen wir uns aber verletzlich und geben anderen die Macht, Unglück in unser Leben zu bringen.

Wir könnten uns darauf hinausreden, dass wir an dieser Situation unschuldig sind, jedoch sind wir der buddhistischen Anschauung zufolge selbst für unsere Auslöser verantwortlich. »So lange wir sie haben, so lange wird jemand sie betätigen«, sagt Chodron, »vor allem, weil sie groß sind und rot blinken … Obwohl viele Menschen uns gar nicht bewusst wehtun wollen, werden unsere Auslöser betätigt, weil sie so empfindlich reagieren.« John Daido Loori, ehemaliger Abt des Zen Mountain Klosters in New York, vertritt folgende Ansicht: »Wenn man das Wesen des Selbst sieht, erkennt man, dass das, was man tut, und das, was einem geschieht, ein und dasselbe ist. Wenn man erkennt, dass man nicht losgelöst von allem anderen existiert, erkennt man seine Verantwortung: Jeder ist verantwortlich für das, was ihm geschieht. Sie können nicht mehr sagen: ›Er hat mich wütend gemacht.‹ Wie könnte ein anderer Sie wütend machen? Nur Sie selbst können sich wütend machen.«

Obwohl es Dinge gibt, wie zum Beispiel Lügen, Betrügen oder einen Schwur brechen, wo es durchaus gerechtfertigt wäre, sich angegriffen zu fühlen, sprechen wir hier von Reaktionen, die unbegründet sind und in keinem Verhältnis zu dem Vorfall selbst stehen. Sie haben ihren Ursprung vielmehr darin, dass wir an unseren Vorurteilen und unserer Vergangenheit festhalten oder, wie die Buddhisten sagen würden, an »unseren Bindungen«. Vielleicht lieben wir unsere Freiheit und unsere Unabhängigkeit, wie der vorhin erwähnte Reifenwechsler. Oder wir werden jedes Mal wütend, wenn uns jemand kritisiert, weil wir dem Lob eine zu große Bedeutung beimessen.

Die Geschichte am Anfang dieses Kapitels beschreibt anschaulich, wie ein Leben ohne Auslöser aussieht. Wie die meisten Zen-Parabeln wird auch hier stark übertrieben, um etwas zu verdeutlichen. Die erste Lektion ist die, dass Hakuin seinem Ruf keine große Bedeutung beimisst und es ihm weiterhin gleichgültig ist, was andere von ihm denken (fehlender Auslöser). Auch die Tatsache, dass die anderen ihre Meinung ändern, hat keinen Einfluss auf sein Selbstwertgefühl. Er war bereit, das anzunehmen, was das Leben für ihn bereithielt, und damit zu experimentieren. Vielleicht würde es ihm sogar Freude bereiten, Vater zu sein.

Die zweite Lektion besteht darin, dass es ganz gleichgültig ist, was andere von uns denken, wenn wir in uns ruhen und unserer selbst sicher sind. Hakuin ließ sich ebenso wenig von der Entschuldigung wie von der vorangegangenen falschen Anschuldigung beeinflussen. Die meisten, die diese Parabel zum ersten Mal lesen, sind erstaunt darüber, dass Hakuin sich nicht verteidigt. Sie können sich nicht vorstellen, dass man eine falsche Anschuldigung auf sich sitzen lässt. Dieses Erstaunen entspringt unserer Definition von Stolz und Ehre und ist durch die Unsicherheit im Umgang mit beidem bedingt.

Um die Ursachen von Empörung und Wut aus unserem Leben zu entfernen, müssen wir unsere eigenen Auslöser kennen. Typische Auslöser sind mit folgenden Themen verbunden:

- **Ehre**
- **Unabhängigkeit**
- **Anerkennung**
- **Eifersucht**
- **Stolz**
- **Respekt**

Wissen Sie, wodurch Sie immer wieder auf die Palme gebracht werden? Wenn Sie Ihre Auslöser und die zugrunde liegenden Erwartungen benennen können, haben Sie schon einen großen Schritt getan, um diese zu entschärfen. Nehmen Sie sich einen Augenblick Zeit, und überlegen Sie, in welchen Situationen Sie garantiert wütend werden.

Sie können zum Beispiel so anfangen: »Ich kann es nicht leiden, wenn…« oder »Es nervt mich tierisch, wenn…«

Und dann listen Sie auf:
Ich kann es nicht leiden, wenn mich jemand kritisiert. (Anerkennung)
Ich kann es nicht leiden, wenn jemand glaubt, besser zu sein als ich. (Stolz)
Ich kann es nicht leiden, wenn mich jemand herumkommandiert oder mir ständig sagt, was ich tun soll. (Unabhängigkeit)
Ich kann es nicht leiden, wenn mir jemand widerspricht. (Respekt)
Ich kann es nicht leiden, wenn mir ein Freund nicht vertraut. (Ehre)
Ich sehe rot, wenn meine Freundin mit anderen Männern redet. (Eifersucht)

✦ **ÜBUNG:** Was sind Ihre Auslöser?

Unterscheiden Sie zwischen einem direkten Angriff durch eine andere Person und einem Auslöser, der einen wunden Punkt trifft.

Schreiben Sie hier so viele Ihrer Auslöser auf, wie Ihnen einfallen:

✎ ____

____

✎

Die Namen, die wir unseren Auslösern geben, sind manchmal verzerrte Versionen ihrer eigentlichen Bedeutung. Ehre oder Anerkennung mögen Werte für sich darstellen. Aber das Wort »Ehre« als Beschreibung eines wünschenswerten Persönlichkeitsmerkmals wird so oft missbraucht, dass es nur selten seine ursprüngliche Bedeutung behält. Wenn jemand glaubt, dass seine oder ihre »Ehre« verletzt wurde, kommt es fast immer zu vernichtenden Gegenschlägen. Die »Ehrenmorde« zum Beispiel, die in manchen Kulturkreisen immer noch gang und gäbe sind, haben eher mit der Erhaltung männlicher Macht, Herrschaft und Dominanz zu tun als mit Ehrlichkeit und Integrität. In solchen Kulturen werden Frauen, die vergewaltigt worden sind, geächtet oder gesteinigt, weil die »Ehre« der Familie verletzt wurde.

Doch sind Verhaltensweisen wie die oben geschilderten nicht auf andere Kulturen beschränkt. Auch in unserer westlichen Welt wird gemordet, um die »Ehre« zu verteidigen. In einem Artikel über jugendliche Straftäter in New York wurde ein junger Mann gefragt, warum er einen anderen erschossen hatte. Seine Antwort lautete: »Er hat meine Freundin beleidigt. Was hätte ich denn tun sollen?«

Unser Auslöser in Bezug auf Ehre könnte immer dann betätigt werden, wenn wir übermäßig stark von der Meinung anderer abhängig sind. Buddhisten vertreten die Ansicht, dass es töricht ist, die Meinung anderer, die sich zudem täglich, wenn nicht gar stündlich ändern kann, als echten Maßstab für uns selbst zu nehmen. Wie seine Heiligkeit, der Dalai Lama, so treffend über sich selbst sagte: »Gestern noch Nobelpreisträger und heute ein Stück Dreck.«

Besitzgier ist im Gegensatz zu Stolz und Ehre in jedem Falle negativ. Wenn in einer Liebesbeziehung Eifersucht eine Rolle spielt, ist sie vielleicht eher ein Zeichen der Unsicherheit denn der Liebe zum anderen, und Wut stellt keinesfalls eine angemessene Reaktion dar.

Im Allgemeinen wurden unsere Auslöser irgendwann vor langer Zeit geprägt. Die Bedingungen, unter denen die einzelnen Befindlichkeiten entstanden sind, haben längst ihre Bedeutung verloren und unsere vergangenen Reaktionen erst recht. Wir sind nicht mehr so unsicher und hilflos, wie wir einmal waren, und heute verfügen wir über wirksamere Möglichkeiten des Umgangs mit den Erlebnissen, die uns seinerzeit aus der Bahn geworfen hatten, als uns sinnlosen Wutanfällen hinzugeben.

Unser automatisches Reagieren – vor allem auf Kritik – hindert uns möglicherweise daran, nützliche Dinge über uns selbst zu erfahren. Selbst wenn die Kritik gerechtfertigt ist, hält uns unsere wütende Reaktion davon ab, sie aufzunehmen. Ich staune regelmäßig über folgende oder ähnliche Dialoge:

Erste Person: »Tja, das war ganz schön dumm von mir.«

Zweite Person: »Das kannst du wohl sagen.«

Erste Person (jetzt wütend): »Willst du vielleicht andeuten, dass ich dumm bin?«

Wird die Wut dadurch erzeugt, dass einer unserer Auslöser betätigt wird, müssen wir bereit sein, die Ursache unvoreingenommen zu betrachten. Kritik wird aus den unterschiedlichsten Gründen abgelehnt, aber wenn wir sofort eine Verteidigungsposition einnehmen, sind wir nicht in der Lage, zwischen konstruktiver und destruktiver Kritik zu unterscheiden. Heißt Ihr Auslöser Unsicherheit, der immer dann betätigt wird, wenn jemand Sie kritisiert, sollten Sie versuchen, den Sturm der Empörung bei sich zu besänftigen: »Wie kommt die dazu, mich zu kritisieren?« oder »Er glaubt es besser zu wissen als ich«, »Wenn ich nicht heftig reagiere, glaubt sie wohl, ich gebe klein bei.« Solche Reaktionen vereiteln das Begreifen berechtigter Kritik und die Lösung des zugrunde liegenden Problems.

Wenn wir zulassen, dass unsere Auslöser immer wieder betätigt werden, berauben wir uns der Möglichkeit, neue Sichtweisen zu gewinnen und vielleicht unsere Beziehung zu dem Menschen, der uns kritisiert, zu verbessern. Anstatt unseren Schutzschild hochzuhalten, könnten wir zuhören und sagen: »Danke. Ich denke darüber nach, was du gesagt hast«, und damit nicht nur unser Auftreten verbessern, sondern auch unsere Beziehung vertiefen. Wenn ein anderer das Risiko eingeht, Sie zu kritisieren – und damit vielleicht Ihren Zorn heraufbeschwört –, könnte es auch daran liegen, dass er dieses Risiko eingeht, weil ihm sehr viel an Ihnen und an Ihrer Beziehung liegt. Dieser Mensch traut es Ihnen aber auch zu, selbst wenn er das so nicht ausspricht, dass Sie zu etwas Besserem in der Lage sind und es auch tun werden.

Nachdem Sie jetzt Ihre Auslöser identifiziert haben, werden Sie möglicherweise das nächste Mal, wenn einer davon betätigt wird, in der Lage sein, vor Ihrer gewohnten Reaktion innezuhalten. Wenn Sie erkennen, dass Sie immer dann, wenn Sie kritisiert oder beleidigt werden, ganz automatisch reagieren, könnte Ihre Reaktion ab jetzt konstruktiv und wirksamer ausfallen.

✦ DIE AUSLÖSER ABSCHALTEN

Werfen Sie noch einmal einen Blick auf Ihre Auslöserliste (siehe Seite 125). Überlegen Sie bei jedem Punkt, welche genauen Umstände dazu geführt haben, dass sich die Sache hochgeschaukelt hat. Müssen Sie immer noch wütend reagieren, wenn jemand diesen Auslöser betätigt? Welchen Nutzen hätte Ihre Wut? Welche Probleme würden dadurch für Sie entstehen? Wäre es nicht besser, einfach zu sagen »Es ist, wie es ist.«?

Wut und Hass

Manche Menschen verbannen das, was sie auf die Palme bringt, ganz einfach aus ihrem Leben. Wenn unsere Abneigungen sich verfestigen, entsteht Hass, und dieser ist nichts anderes als versteinerte Wut. Angenommen, wir können eine bestimmte Gruppe von Menschen nicht leiden, dann könnten wir ihnen aus dem Weg gehen. Diese Menschen existieren dann nicht für uns. Dabei könnte es sich um die gewöhnlichen Vorurteile gegen Menschen handeln, die von vielen für minderwertig gehalten werden – Angehörige anderer ethnischer Gruppen, Homosexuelle oder übergewichtige Menschen.

Hass ist destruktiv, und wenn wir von ihm erfüllt sind, richtet er Schaden an. Buddha sagt:

> ***Hass sorgt für großes Unglück,***
> ***Hass wühlt auf und schadet dem Geist.***
> ***Diese schreckliche Gefahr in unserem tiefsten Innern***
> ***können die meisten nicht verstehen.***

In den vergangenen Jahren haben sich in den Vereinigten Staaten von Amerika viel Wut und Hass in beiden politischen Lagern ausgebreitet. Ein Blogger hat es in der *New York Times* einmal so kommentiert: »Acht Jahre hasserfüllte liberale Blogs und Witze über Bush haben Bushs Leistung ebenso wenig verbessert wie hasserfüllte konservative Blogs und Witze Clintons Leistung beeinflusst haben.« Und hinzu kommt noch, dass der Hass der einen Seite den Hass der anderen schürt.

In der Politik geht es um handfeste rationale Argumente. Aber außerhalb der Politik ist es leicht möglich, dass wir nur glauben, jemand habe uns beleidigt, weil wir durch unsere vermeintliche Fähigkeit des »Gedankenlesens« genau dieses Gefühl auf unsere Umwelt projizieren. Eine glühende Feministin könnte sich respektlos behandelt fühlen, wenn ein Mann ihr die Tür aufhält oder sie zuerst in den Fahrstuhl einsteigen lässt. Ich habe einmal mit angesehen, wie eine Frau darauf bestanden hat, einem älteren Herrn den Vortritt zu lassen. Nachdem sie aus dem Fahrstuhl ausgestiegen war, drehte er sich zu mir um und sagte: »Ich hasse es, wenn Menschen so etwas tun, nur weil ich alt bin.«

Hass macht uns blind für Veränderungen, da sich unser Vorurteil längst verfestigt hat und keine Korrekturen mehr zulässt. Eine Anwältin vertrat einen Mandanten, der wegen Geschäftsbetrugs angeklagt war. Als er mit der gerichtlichen Vorladung zu ihr kam, reichte er ihr das Schriftstück mit den Worten: »Als ob es nicht schon ausreichen würde, angeklagt zu werden, ist der Anwalt der Gegenpartei auch noch eine Frau. Ich hasse Anwältinnen.« Meine Freundin räusperte sich, woraufhin ihr Mandant schnell hinzufügte: »Anwesende natürlich ausgenommen.«

Wenn wir uns von unseren Vorurteilen leiten lassen, bringen wir uns selbst um vieles, was das Leben bietet.

Vom buddhistischen Standpunkt aus betrachtet berauben wir uns immer der Freuden des Lebens, wenn wir vor dem Universum flüchten. Einer der führenden westlichen Experten des tibetischen Buddhismus, Robert Thurman, erklärt dies am nachfolgenden Beispiel:

»Sie steigen in die U-Bahn ein. Auf halbem Weg zur nächsten Haltestelle bleibt die U-Bahn stehen. Irgendwie wissen Sie, dass sie nie wieder losfahren wird und Sie den Rest Ihres Lebens dort verbringen werden, wo Sie jetzt sind. An diesem Punkt kommen Sie zu dem Schluss, dass es besser ist, dem Betrunkenen zu helfen, der sich übergibt, den Menschen zu trösten, der verrückt zu sein scheint und den Punker kennenzulernen, der Ihnen eigentlich Angst einjagt.«

Wut kann sich aber auch in Humor oder sogar Zuneigung verwandeln. Wenn wir allerdings an unserem Hass festhalten, ist es sehr viel schwerer, unsere Einstellung zu ändern.

Die Auslöser der anderen

Wenn wir uns der eigenen Auslöser bewusst werden, erkennen wir auch, wo die Schwachstellen der anderen Menschen liegen, jene Schwachstellen, die dafür sorgen, dass die Menschen nur reagieren, ohne nachzudenken. Mitunter reicht schon eine, wie wir glauben, unschuldige Bemerkung, um den anderen auf die Palme zu bringen.

In solchen Fällen entschuldigen wir uns mit der Bemerkung: »Ach, da hab ich wohl einen Nerv getroffen.« Aber manchmal sind wir vielleicht nicht ganz so unschuldig. Vielleicht ahnen wir, dass eine bestimmte Bemerkung beleidigend sein könnte, machen sie aber trotzdem, um unser eigenes schlechtes Gefühl loszuwerden. Und dann gibt es noch die Fälle, wo wir mit Absicht und um zu provozieren den Auslöser eines anderen betätigen.

Ein Weg, mitfühlender zu werden ist, uns zurückzuhalten und den Auslöser des anderen nicht zu betätigen.

Und indem wir uns bemühen, unsere eigenen Auslöser klar zu erkennen und sie zu entschärfen, verringern wir das Ausmaß an Wut in der Welt.

Geben und Nehmen

Die emotionale Balance finden

Großzügigkeit, freundliche Worte,
anderen etwas Gutes tun,
und alle Menschen gleich behandeln:
Diese Zeichen von Sympathie sind für die Welt,
was der Achsnagel für das Rad ist.

Buddha

Denn wir können nur empfangen,
wenn wir geben.

Franz von Assisi

Großmütig und freundlich zu geben und zu nehmen ist eine Möglichkeit, unser Leben und die Welt, in der wir leben, besser zu machen. Großzügigkeit und Zuvorkommenheit sind die sozialen Gleitmittel, die den Umgang miteinander reibungsloser gestalten.

Wenn Menschen im Verkehr zuvorkommend sind, wenn sie beispielsweise einem anderen Autofahrer die Vorfahrt lassen, fließt nicht nur der Verkehr reibungsloser, sondern der Autofahrer, der so zuvorkommend behandelt wird, ist glücklicher und zufriedener und wird höchstwahrscheinlich auch die Menschen, denen er im Laufe des Tages noch begegnet, auf diese Weise behandeln. Wer Geben und Nehmen als etwas ganz Natürliches empfindet und keine Angst hat, übervorteilt oder ausgenutzt zu werden, ist auf dem besten Wege, seinen Ärger loszulassen. Auch kleine Geschenke und kleine Freundlichkeiten – beispielsweise jemandem ein Kompliment zu machen, weil er seine Sache gut gemacht hat, oder jemandem großzügig die Vorfahrt zu lassen oder Zuneigung und Dankbarkeit auszudrücken, anstatt davon auszugehen, dass der andere erahnt, was man fühlt – erzeugen Wohlwollen, ebenso wie unhöfliches und rücksichtsloses Verhalten Ärger und Wut hervorbringen.

Bedauerlicherweise sieht sich beinahe jeder von uns als Stürmer, der im Besitz des Balles ist, und dem die Spieler der anderen Mannschaft den Ball abjagen wollen. Vielleicht hegen wir sogar den Verdacht, dass die Spieler unserer eigenen Mannschaft, die uns beschützen und helfen sollten, nicht ganz bei der Sache sind. Wie viele unserer vorgefassten Meinungen über unser Leben und andere Menschen ist auch dieser Verdacht höchstwahrscheinlich unzutreffend. Doch er verursacht eine unbestimmte, chronische Wut und das Gefühl, dass uns die Unterstützung und der Respekt verweigert werden, die wir verdient hätten, ebenso wie unser Anteil an den guten Dingen des Lebens, der uns schließlich zusteht.

Die Welt – ein feindseliger Ort?

Alte Gewohnheiten verleiten uns unter Umständen dazu, die Welt als feindseligen Ort zu betrachten. Eines Tages entdeckte ich beim Wandern hinter einem Tor eine malerische kleine Schlucht. Ich hätte sie gerne erkundet, erblickte dann aber ein Schild auf dem Tor. Weil ich zu weit weg war, um es lesen zu können, ging ich davon aus, es stünde »Zutritt verboten« darauf. Als ich später noch einmal an dem Schild vorbeikam, las ich, was dort geschrieben stand: »Bitte achten Sie darauf, dass das Tor geschlossen bleibt.« Ebenso kann fehlendes Bewusstsein aus einer Wand oder einem Loch im Boden ein gefährliches Hindernis machen. Oder wir könnten einen Wasserschlauch im Garten für eine Schlange, sogar für eine giftige halten. Vergangene Erfahrungen verleiten uns auch dazu, unangemessen auf neue Umstände zu reagieren. Was meinen Sie, würden Sie Ihre Hilfsbereitschaft nur deshalb aufgeben, weil Sie früher eine Abfuhr erhalten hatten, als Sie einmal auf der Straße anhielten, um jemandem zu helfen? In Wahrheit zeigen sich die Menschen uns gegenüber hilfsbereiter und freundlicher als erwartet, wenn wir ihnen unvoreingenommen und ohne unseren ganzen Vergangenheitsballast begegnen.

Wenn wir uns weigern, von anderen Menschen Hilfe anzunehmen, liegt das vielleicht daran, dass wir der Illusion anhängen, allein und unabhängig von anderen leben zu können.

John Tarrant erzählt in seinem Buch *Licht im Herzen der Dunkelheit* die Geschichte seines Freundes, der in der Bucht von San Francisco segeln war und plötzlich aus heiterem Himmel einen Schmerz verspürte, der ihn bewegungsunfähig machte. Was folgte, war eine Welle von Hilfe und Beistand – seine Freunde, die die Segel setzten, die Küstenwache, die ihn an Land brachte, der Fahrer des Krankenwagens und der Arzt, der ihm das Leben rettete. Er selbst sagte:

»Ich habe mich immer nur auf mich selbst verlassen. Ich habe versucht, anderen zu helfen, aber meine Sachen habe ich allein gemacht, und es hat immer funktioniert, mehr oder weniger. Aber in der Situation konnte ich mir selbst nicht helfen. Als ich hilflos am Boden lag, waren tatsächlich Menschen da, die mir beigestanden haben. Das war überhaupt das Schockierendste an meiner ganzen Krankheit. Ich war gezwungen, mir ein vollkommen neues Bild von der Welt zu machen.«

Wer schon einmal ein Land bereist hat, dessen Sprache er nicht beherrschte, hat vielleicht schon ähnliche Erfahrungen gemacht. Wenn unsere gewohnten Strategien wegfallen und wir gezwungen sind, uns auf andere zu verlassen, stellen wir fest, dass wir aufgefangen werden. Ein kanadisches Ehepaar fuhr durch die ägyptische Wüste, als ihr Geländewagen im Sand stecken blieb. Noch bevor sie überhaupt Zeit hatten, in Panik auszubrechen, wurden sie von einer Gruppe von Dorfbewohnern umringt, die ihnen Speis und Trank anboten, um ihnen dann beim Flottmachen des Wagens zu helfen. Gerade in Ägypten wird Gastfreundschaft großgeschrieben, aber ähnliche Geschichten hört man auch von anderen Ländern.

Reb Anderson, der frühere Abt des Zen Center in San Francisco schreibt in seinem Buch *Being Upright*: »Die grundlegende Täuschung des Menschen besteht darin zu glauben, dass er allein und unabhängig vom Rest der Welt existiere. Der Mensch glaubt, es gäbe ein Universum und noch etwas – und dieses Etwas bin ich.« Nach der buddhistischen Lehre sind jedoch alle Dinge im Universum miteinander verbunden und bedingen sich gegenseitig, weshalb sie keine eigene unabhängige Existenz haben. Buddha nannte dies *pratitya samutpada*, was mit »das bedingte Entstehen« übersetzt werden kann. Im Universum entsteht und besteht nichts unabhängig vom anderen, alles bedingt sich gegenseitig in einer Kette von miteinander verwobenen Elementen von Ursache und Wirkung.

In unserem individuellen Streben nach persönlichem Erfolg vergessen wir oftmals die Menschen, die uns auf unserem Weg mit einem aufmunternden Wort, einem Gedanken oder einem Vorschlag geholfen haben, so dass wir diese irgendwann sogar für unsere eigenen halten. Wir kennen die Zusammenarbeit bei Filmproduktionen, die bei den Preisverleihungen mit schier endlosen Dankesworten gewürdigt wird, so etwas existiert auch in unserem Leben, wenngleich nicht ganz so offensichtlich. Es sind nicht Sie, der oder die mutterseelenallein und durch schiere Willensanstrengung und Schöpfergeist der Welt den Sieg abgerungen hat, sondern das Zusammentreffen vieler Kräfte und Anstrengungen.

Der sogenannte Schmetterlingseffekt aus der Chaostheorie verkörpert einen Teil der buddhistischen Idee der gegenseitigen Abhängigkeit. Er besagt, dass kleinste Veränderungen an einem Punkt weitreichende Folgen am anderen Ende der Welt haben, das heißt, der Flügelschlag eines Schmetterlings in Peking kann das Wetter in New York beeinflussen. Aber stellen Sie sich den Schmetterlingseffekt um ein Vielfaches verstärkt vor, und zwar nicht nur mit seinen Auswirkungen auf physische Beziehungen, sondern auch auf die zwischenmenschlichen. Im Buddhismus steht die Metapher »das Netz der vedischen Gottheit Indra« dafür, dass alles und jedes im Universum alles und jedes beeinflusst und unzählige Male reflektiert. In der himmlischen Wohnstätte der Gottheit

Indra erstreckt sich ein wunderbares Netz endlos in alle Himmelsrichtungen. In jedem Knoten des Netzes befindet sich ein geschliffener, funkelnder Edelstein, und in jeder Facette des Edelsteins spiegeln sich die anderen Edelsteine im Netz wider, von denen wiederum jeder einzelne ebenfalls alle anderen widerspiegelt.

Großzügig sein oder aufrechnen?

Ebenso wie wir Wut verspüren, wenn unsere Erwartungen nicht erfüllt werden, erzeugen auch wir Wut bei anderen, wenn wir deren Erwartungen nicht erfüllen, woraus ein Kreislauf der Feindseligkeiten entsteht. Unsere Weigerung, unzumutbare Erwartungen zu erfüllen, ist gerechtfertigt und verständlich. Wenn uns beispielsweise jemand bittet, etwas Unmoralisches zu tun, haben wir nicht nur das Recht, sondern sogar die Pflicht, dies abzulehnen. Aber es gibt auch die zumutbaren, erfüllbaren Bitten, denen wir uns trotzdem verweigern, nämlich dann, wenn wir mehr geben, als wir bekommen. »Ich tu andauernd was für ihn, aber er tut nie etwas für mich.« Oder wir spielen den Märtyrer, indem wir Sätze wie den nachfolgenden gebrauchen: »Keiner schätzt meine Arbeit.« Wenn wir Dinge aufrechnen, schaffen wir Unmut, was chronische unterschwellige Wut verursacht.

Es gibt Menschen, die sagen grundsätzlich Nein zu jedem Vorschlag und jeder Bitte, weil sie glauben, dass sie um mehr gebeten werden, als sie zu geben bereit sind. Oder sie sind der Meinung, dass die anderen, wenn sie ihnen nur den kleinen Finger geben, die ganze Hand haben wollen. Wiederum andere befürchten, dass sie mit einem Ja die Kontrolle verlieren. Eine Frau, die im Amt für Sozialhilfe in New York gearbeitet hatte, wurde nach ihrer Pensionierung von der *New York Times* gefragt, was sie in 30 Jahren im Dienst gelernt habe. Sie antwortete, dass sie gelernt habe, jede Bitte mit Nein zu beantworten. Ihre Begründung dafür war, dass es einfacher sei, ein »Nein« später in ein »Ja« zu verwandeln als umgekehrt. Diese Taktik mag bei Behörden berechtigt sein, im täglichen Leben würde sie allerdings dazu führen, unsere persönlichen Beziehungen zu trüben und uns Nachbarn, Freunden und Kollegen, also Menschen, auf die wir angewiesen sind, zu entfremden.

Es kann vorkommen, dass wir zögern, wenn wir um etwas gebeten werden, weil wir nicht wissen, wie unsere Bemühungen aufgefasst werden. Als bei Doris, die zu einer kleinen Gruppe von ehrenamtlichen Führern im örtlichen Museum gehörte, Krebs im Endstadium diagnostiziert wurde, wollten alle etwas für sie tun. Aber als die Gruppe darüber diskutierte, wie man ihr helfen könnte, endete jeder Vorschlag mit einem »Ja, aber«.

»Wir könnten sie besuchen und ihr Gesellschaft leisten.«

»Ja, aber vielleicht ist ihr nicht nach Gesellschaft zumute.«

»Wir könnten ihr etwas zu essen bringen.«

»Ja, aber sie könnte glauben, wir hielten sie für unfähig, sich selbst darum zu kümmern.«

»Wir könnten ihr einen Geschenkkorb schicken.«

»Ja, aber da könnte viel drin sein, was sie gar nicht braucht.«

Als Doris von diesem Dilemma erfuhr, beschloss sie, eine Liste mit den Dingen zu erstellen, die sie benötigte, und schickte sie an ihre Kollegen.

Die Liste wurde herumgereicht, und jeder war froh, seinen Namen hinter eine oder mehrere Aufgaben setzen zu können. Doris hatte ihnen das unbestimmte Gefühl von Schuld und Frustration genommen, das entstanden war, weil sie nicht gewusst hatten, was sie für sie tun sollten. Jetzt hatte jeder das Gefühl, sie habe *ihnen* ein Geschenk gemacht. Und genau das hatte Doris auch getan. Sie hatte sie wissen lassen, was sie nicht wissen konnten, nämlich, was sie wirklich wollte und brauchte.

Ein weiterer Grund für das Abschlagen einer Bitte ist das Gefühl, dass unsere Großzügigkeit womöglich ausgenutzt wird. Oder wir glauben, dass unsere Großzügigkeit nicht wahrgenommen und nicht geschätzt wird. Fast jeder kennt die Redewendung »Keine gute Tat bleibt ungestraft«, zutreffend aber ist doch »Tu Gutes, und dir wird Gutes widerfahren« oder »Wie man in den Wald hineinruft, so schallt es heraus«.

»Haben Sie schon einmal einen großzügigen Menschen gesehen, der unglücklich war?«, fragt der buddhistische Weise Shantideva. Es ist fast unmöglich, großzügig zu sein, ohne Wohlwollen zu erzeugen, und zwar nicht nur bei denen, denen wir geben, sondern auch bei denen, die Zeugen unserer Großzügigkeit werden. Der Irrglaube, dass großzügige Menschen ausgenutzt werden, findet im Alltag keine Bestätigung. »Die Welt ist freundlich zu denen, die freundlich sind«, schrieb William Makepeace Thackeray. Wer aus einem Gefühl der Fülle handelt anstatt aus einem Gefühl des Mangels, wird in vielerlei Hinsicht beschenkt werden. Jeder von uns kann dies überprüfen, indem er mit kleinen Gesten der Großzügigkeit oder spontanen Freundlichkeiten experimentiert.

In einer beliebten Seminarübung werden die Teilnehmer in mehrere Gruppen eingeteilt. Jede Gruppe erhält verschiedene Wirtschaftsgüter. Der Zweck der Übung besteht darin, durch Kauf und Handel möglichst viel Reichtum anzusammeln. Die Übung wurde so konzipiert, dass die Teilnehmer irgendwann erkennen, dass die gemeinsame Nutzung der vorhandenen Mittel zum größten Reichtum für alle führt. Das Phänomen wurde in vielen

Experimenten nachgeahmt; Zusammenarbeit führt immer zum besten Ergebnis.

Großzügigkeit ist eine durchdachte Geste der Freundlichkeit und keine Demonstration von Reichtum. Auch der gelegentliche Euro für einen Bettler sollte nicht als Ausrede für fehlendes soziales Engagement dienen. Die Ungerechtigkeit, die in der Welt herrscht, ist nicht nur das Unglück der anderen, sondern hat unweigerlich etwas mit den Institutionen und der wirtschaftlichen Struktur zu tun, an der wir alle Anteil haben. Und wie es der Zufall will, könnte schon Ihr Beruf morgen veraltet sein oder Ihre Firma pleitegehen, und Sie könnten ohne Arbeit dastehen. Oder in Abwandlung des Ausspruchs des Dalai Lama: »Gestern noch Chef und heute ein Stück Dreck.«

✦ **ÜBUNG:** Spontane Freundlichkeit

Sicherlich sind Sie in jüngster Zeit in den Genuss einer spontanen und unerwarteten Zuwendung gekommen. Können Sie sich an die eine oder andere erinnern? Haben Sie das Geschenk gewürdigt oder dem Menschen gedankt, der es Ihnen gemacht hat? Fühlen Sie sich anders, wenn Sie jemandem ein Geschenk machen, als wenn Sie selbst eines bekommen?

✎

Der Sinn dieser Übung liegt nicht etwa darin, etwas aufzurechnen, sondern es geht darum, ein Bewusstsein dafür zu entwickeln, wie Sie sich jeweils fühlen, wenn Sie jemandem ein Geschenk machen bzw. wenn Sie ein Geschenk erhalten. Auf diese Weise fühlen Sie sich verbundener mit anderen Menschen. Wenn Sie diese kleinen Momente der Freude und des Glücks pflegen, stärken Sie Ihre Widerstandskraft gegen Irritationen, die zu Ärger und Wut führen. »Achten Sie immer auf die Dinge, die Ihnen Freude bereiten«, rät Pema Chödrön. »Auf Kleinigkeiten, Winzigkeiten. Ihnen war kalt, dann haben Sie Ihren Mantel angezogen, und jetzt ist Ihnen warm. Im Laufe des Tages gibt es eine ganze Reihe von flüchtigen Glücksmomenten. Sie werden leichter berührt sein und sind dankbar für die kleinsten Dinge.« Diese »Lektion in Heiterkeit«, wie Chödrön sie nennt, macht Sie ausgeglichener, wodurch es leichter wird, mit Schwierigkeiten fertigzuwerden.

GEBEN UND NEHMEN

Vergegenwärtigen Sie sich im Laufe des Tages alle Gelegenheiten, kleine Geschenke zu machen. Halten Sie jemandem die Tür auf. Sagen Sie »Ja«, wenn ein Freund oder eine Freundin gern einen anderen Film sehen möchte als Sie. Loben Sie bei der Arbeit einen Assistenten oder Kollegen, der zum Erfolg Ihres Projekts beigetragen hat. Teilen Sie Ihr Mittagessen mit Ihrem Kollegen, der sehnsüchtig auf die Mahlzeit schaut, die Ihre bessere Hälfte Ihnen mitgegeben hat.

Notieren Sie im Geiste: »Ich habe jemandem ein Geschenk gemacht«, und achten Sie darauf, wie Sie sich dabei fühlen. Wichtiger als der Dank der anderen ist dabei das, was Sie an Mitgefühl und Großzügigkeit verspüren.

Genauso sollten Sie sich der Momente bewusst werden, wenn sich jemand besonders für Sie anstrengt oder Ihnen etwas schenkt. Ihr Mann scheut keine Mühen, um Ihr Lieblingsgericht für Sie zu kochen. Ihre Frau bringt das Auto zur Inspektion, um Ihnen einen freien Nachmittag zu ermöglichen. Ein Freund, der weiß, dass Sie gerade eine Pechsträhne haben, ruft an, um sich nach Ihnen zu erkundigen. Eine Freundin geht mit Ihnen in einen Film, den Sie sehen wollten.

Vielleicht haben Sie die Möglichkeit, sich zu bedanken,

vielleicht auch nicht, aber in jedem Fall sollten Sie sich bewusst machen: »Ich habe gerade ein Geschenk erhalten.«

Der Gebende sollte dankbar sein

Seisetsu, der Meister des Tempels in Engaku in Japan, brauchte ein größeres Gebäude, denn das, in dem er unterrichtete, war angesichts der immer größer werdenden Schülerzahl zu klein geworden. Der ortsansässige Großkaufmann Umezu Seibei beschloss, 500 Goldstücke für den Bau einer geräumigeren Schule zu spenden. Er brachte das Gold zu Seisetsu.

Dieser sagte: »Gut, ich werde es annehmen.«

Umezu überreichte Seisetsu den Sack mit den Goldstücken, aber er war unzufrieden mit dem Verhalten des Lehrers. Man konnte von drei Goldstücken ein ganzes Jahr lang leben, und ihm wurde noch nicht einmal für 500 gedankt.

»In dem Sack sind 500 Goldstücke«, betonte Umezu.

»Das habt Ihr mir schon gesagt«, antwortete Seisetsu.

»Auch wenn ich ein wohlhabender Kaufmann bin, sind 500 Goldstücke eine Menge Geld«, erwiderte Umezu.

»Soll ich Euch dafür danken?« fragte Seisetsu.

»Das solltet Ihr«, antwortete Umezu.

»Warum sollte ich?«, wollte Seisetsu wissen. »Der Gebende sollte dankbar sein.«

✦

Wie so viele Zen-Parabeln erscheint auch diese auf den ersten Blick unverständlich. Betrachtet man sie jedoch aus der buddhistischen Perspektive, die von der Verbundenheit aller Dinge ausgeht, wird sie klarer. In seinem Buch *Vedanta: Seven Steps to Samadhi* schreibt der große Lehrer Osho: »… auf dem Tempel steht geschrieben, dass der Gebende dankbar sein soll; erst dann handelt es sich um einen Akt des Teilens … Ein anderer nimmt dich durch dein Geschenk an. Er hätte (es) ablehnen können, denn es bestand keine Notwendigkeit, es anzunehmen. Der Gebende sollte dankbar sein, denn nur dann wird geteilt, andernfalls ist es ein Handel. Man erwartet etwas – etwas, das wertvoller ist als das, was man gegeben hat. Ein Mensch, der erleuchtet ist, kann teilen, und er wird alles tun, um genau das zu tun.«

Laura Cade, Mitglied einer Spendergruppe für Muttermilch, hat diese Parabel sehr gut kommentiert. Als ihr Sohn geboren wurde, las sie einen Artikel, in dem davon die Rede war, dass Muttermilch gespendet werden kann. »Der Gedanke, dass jemand diese magische Substanz für Neugeborene, die sie wirklich brauchen, spendet, ist mir sehr ans Herz gegangen, aber ich hatte damals einfach nicht die Energie.« Aber als sie später so weit war, sagte sie: »Das Gefühl der Verbundenheit und Wärme, das ich für die Babys empfand, denen ich die Milch gegeben hatte, kam mit aller Kraft zurück… Es erinnerte mich an die alte Zen-Parabel mit dem Titel *Der Gebende sollte dankbar sein*, denn ich hatte noch nie ein Geschenk gemacht, das der Dankbarkeit, die ich verspürte, so nahe kam, weil ich in der glücklichen Lage war, meine Milch spenden zu können.«

Genauso wie es vielen Menschen leichter fällt, einer Bitte zu folgen als eine Bitte zu äußern, fällt es anderen leichter zu geben, anstatt zu nehmen. Aber indem wir von Herzen annehmen, geben wir auch. Wir eröffnen dem Gebenden die Möglichkeit, in eine Beziehung mit uns einzutreten, wir würdigen sein Wohlwollen und teilen unsere Menschlichkeit und unsere gegenseitige Abhängigkeit. In *Zen-Geist, Anfänger-Geist* schreibt Shunryu Suzuki dazu: »Im Ursprung ist alles eins, das große ›Ich‹. Es ist unmöglich zu unterscheiden, was Geben ist und was Nehmen.« Und Dogen, der Gründer der japanischen Soto-Zen-Schule, sagt zur besonderen Bedeutung von Geben und Nehmen: »Indem wir Gebende und Nehmende werden, schaffen wir eine Verbundenheit mit allen anderen Lebewesen dieser Welt.«

Es ist unmöglich, alle Begleiterscheinungen und Folgen unseres Handelns zu kennen. Aber ebenso wie der in einen See geworfene Stein noch das Wasser an fernen

Ufern kräuselt und der Flügelschlag eines Schmetterlings Luftströme im Weltall bewegt, hallen unsere Begegnungen mit anderen im Universum nach.

Der Mythos Glück

Was macht uns wirklich glücklich?

Ein Gutsbesitzer kam aufgelöst zum Zen-Meister. Einer seiner Stallburschen hatte das Stalltor offen gelassen, und sein wertvollster Hengst war davongaloppiert. »Was für ein Unglück!«, rief der Mann. Der Meister sagte nur: »Wer weiß?« Empört machte sich der Gutsbesitzer auf den Heimweg.

Ein paar Tage später kehrte der Hengst in den Stall zurück, im Gefolge drei wilde Stuten. Der Gutsbesitzer suchte wieder den Meister auf und sagte: »Es war gar kein Unglück. Es war ein Segen.« Der Meister antwortete: »Wer weiß?« An der Weisheit des Meisters zweifelnd, machte sich der Gutsbesitzer auf den Heimweg.

Als der Sohn des Gutsbesitzers die Stuten einritt, wurde er abgeworfen und brach sich ein Bein. Der Gutsbesitzer begab sich erneut zum Meister und erzählte ihm, was passiert war, und meinte, der Meister habe Recht gehabt, es sei kein Segen gewesen. Der Meister erwiderte: »Wer weiß?«

Als die Soldaten des Kaisers auf das Gut geritten kamen, um junge Männer für den Krieg einzuziehen, verschonten sie den Sohn, weil er ein gebrochenes Bein hatte. »Was für ein Segen mein gebrochenes Bein doch ist«, sagte der Sohn. Und der Vater antwortete: »Wer weiß?«

✦

John Tarrant hat den Buddhismus als »die Technik des Glücks« beschrieben. Seiner Meinung nach handelt es sich dabei um eine Methode, mit deren Hilfe wir uns von unserem Leid befreien können, weil sie uns in die Lage versetzt, die Dinge so zu sehen, wie sie sind, und nicht so, wie wir glauben, dass sie sein sollten. Was ich den »Mythos Glück« nenne, ist unsere Erziehung und Erfahrung, die uns glauben lassen, dass uns Dinge wie Ruhm, Geld und Macht glücklich machen und die uns dazu verleiten, an eine rasche und kurzlebige Lösung zu glauben.

Blinde Sinnsuche

Wir glauben zu wissen, was uns glücklich macht und was zu unserem Besten ist, nur um zu erleben, dass das Leben anderes mit uns vorhat. Wenn unsere Wünsche und Erwartungen nicht erfüllt werden, sind wir nicht selten frustriert und wütend. Als ich meinen buddhistischen Lehrer

Patrick Hawk, Zen-Meister und katholischer Priester in einem, fragte, warum die Wut so beständig sei, gab er mir eine für Zen-Meister typische Antwort. Zuerst erschien sie mir rätselhaft, bis sie plötzlich wie ein Blitz einschlug. Er sagte, ein Grund für das Fortbestehen der Wut rühre daher, dass wir unbedingt einen Sinn in unserem Leben sehen wollen. Auf den ersten Blick mag die Suche nach dem Sinn des Lebens völlig in Ordnung sein, aber, so fuhr er fort, das Problem dabei sei, dass das Leben den Sinn haben soll, den wir ihm geben wollen. »Das menschliche Gehirn ist eine produktive Sinnmaschine«, sagte er. »Wir verleihen unserem Leben Sinn, indem wir ihm eine Bedeutung geben, aber genau dadurch lassen wir viele Seiten des Lebens links liegen.« Im Buddhismus herrscht die Auffassung, dass nichts einen Sinn hat. Alles ist, wie es ist – und nichts weiter. Indem wir bestimmte Ziele wählen, unserem Leben einen besonderen Sinn verleihen oder einen bestimmten Weg einschlagen, verschließen wir uns anderen Möglichkeiten, die uns ebenfalls offenstehen. Wenn sich dann das Universum unserem Willen nicht beugt, unsere Wünsche und Erwartungen nicht erfüllt, stellt sich Enttäuschung ein, und wir werden vielleicht dauerhaft wütend.

Glück oder Unglück?

Auf einer einfachen und augenscheinlichen Ebene verdeutlicht die eingangs erzählte Parabel, dass tagtägliche oder sogar stündlich wiederkehrende Ereignisse, die uns wütend machen, wenn unsere momentanen Wünsche durchkreuzt werden, letztendlich Glück im Unglück sein können. Und umgekehrt kann die Erfüllung dessen, was wir wollen, unerwartete Folgen haben, die uns letzten Endes unglücklich machen. Die Parabel zeigt sehr anschaulich, dass das Gesetz des Universums Veränderung ist. Das buddhistische Ideal der Nicht-Bindung – die Dinge, die in unser Leben treten, mit einer gewissen Distanziertheit zu behandeln, was manchmal als »kein Wunsch, keine Abneigung« oder »der Geisteszustand des ›Nicht-Wissens‹« bezeichnet wird – entwickelte sich als ein Gegenmittel, um uns vor unnötigem Leiden zu bewahren, das mit Verlust und Veränderung im Leben einhergeht.

Ich kannte eine Frau, die sich im Alter von 25 Jahren zum ersten Mal verliebte. Das Objekt ihrer Zuneigung war ein reichlich dominanter Mann, der viele Entscheidungen für sie traf, und er schien ihr damals der Inbegriff des guten Vaters zu sein. Sie war sich sicher, dass eine Ehe mit ihm das Beste war, was ihr passieren konnte. Als er sie wegen einer anderen verließ, war sie am Boden zerstört und lange Zeit hing sie dem Gedanken nach, dass ihr Leben außerordentlich glücklich verlaufen wäre, wenn sie nur geheiratet hätten. Jahre später begegnete sie ihm wieder. Die Eigenschaften, die sie ursprünglich angezogen hatten, waren verschwunden. Seine eheliche Untreue hatte dafür gesorgt, dass seine Frau ihn verlassen hatte, und seine beiden Söhne bezeichnete er als »die kleinen Dummköpfe«. Sie konnte ihrem Schicksal nur danken, dass er sie damals abgewiesen hatte.

✦ **ÜBUNG:** Unbeabsichtigte Folgen

Können Sie sich an ein Ereignis erinnern, das Ihrer Meinung nach eine Katastrophe war und Sie es deshalb unbedingt vermeiden wollten, das sich aber später als Glücksfall herausgestellt hat?

✎ ______________________________

____

____

____

____

____

____

Können Sie sich an Ereignisse erinnern, bei denen genau das Gegenteil dessen, was Sie erwartet hatten, geschehen ist, das heißt, dass Sie sich auf etwas gefreut haben, das sich dann als Katastrophe erwies?

✎ ______________________________

____

____

____

____

____

____

Weil wir zu wissen glauben, was uns glücklich macht, streben wir nach dem »Mythos Glück«, anstatt zufrieden zu sein mit dem, was wir haben, denn wir übersehen dabei leicht die kleinen Freuden des Lebens. Um echte Zufriedenheit zu erlangen, sollten wir einmal die Konditionierungen und Prägungen betrachten, welche wir durch unsere Eltern, durch die Werbung und anderes erfahren haben, jene also, die den Mythos Glück verheißen. Diese Konditionierungen können sich allerdings auch negativ auswirken. Wenn Sie sich als Kind wehgetan haben, hat Ihre Mutter sie vielleicht mit Süßigkeiten getröstet und dabei gesagt: »Komm iss, dann wird's besser.« Dieser Mythos hat dann tatsächlich dazu geführt, dass es Ihnen besser ging, wenn Sie naschten, er sorgte aber leider auch dafür, dass Sie heute übergewichtig oder auf andere Art und Weise krank sind.

Die Werbebranche gibt Millionen aus, um Mythen zu schaffen. Die Zigarettenindustrie hat sich sehr bemüht, das Rauchen nicht nur als genussvoll, sondern darüber hinaus noch als gesund und sexy darzustellen, während sie in Wirklichkeit Zigaretten produziert, die nicht nur schädlich sind, sondern darüber hinaus auch abhängig machen. Und die Filmbranche verkauft das Ideal, dass es lediglich eines gut aussehenden Ehemannes, einer schönen Frau und eines schnelles Auto bedarf, um im Handumdrehen glücklich zu sein. Im Allgemeinen redet man uns doch ein, dass Ruhm, Geld, Macht und Besitz die Garanten für Zufriedenheit sind, obwohl immer wieder Schicksale auch unter den Reichen und Mächtigen bekannt werden, die das Gegenteil beweisen.

Ein klassisches Beispiel für das Versagen des Mythos Glück ist der Lottogewinner, der über Nacht zum Millionär wird. Aus den unterschiedlichsten Gründen geben 90 Prozent aller Lottogewinner fünf Jahre nach dem Gewinn an, dass sie lieber nicht gewonnen hätten. Plötzlich tauchen Verwandte auf, die der Gewinner jahrzehntelang nicht gesehen hat, und bitten um Hilfe, oder die neuen »Freunde«, die ebenfalls ein Stück vom Kuchen haben wollen. Dazu kommen die Schwierigkeiten, das plötzliche Geld gut zu verwalten. Offizielle Statistiken gibt es zwar nicht, aber Schätzungen von Insidern zufolge sind 80 Prozent aller Lottogewinner bereits nach zwei Jahren wieder bei null oder sogar im roten Bereich angelangt.

Auch Sex ist ein Mythos, der in unserer Gesellschaft über die Maßen glorifiziert wird – so sehr, dass viele glauben, ihr Glück hinge von der Befriedigung dieses Bedürfnisses ab. Mit anderen Worten, wenn ich nicht regelmäßig mit jemandem schlafe, kann ich unmöglich glücklich sein. Ein Bekannter, der mit seinem Leben ziemlich unzufrieden war, erzählte, dass er unerwartet Sex gehabt hätte und nun glücklich sei. Ich machte mir nicht die Mühe, zu fragen, wie lange seine Zufriedenheit andauern würde, denn ich kannte ihn gut genug, um zu wissen, dass sie nur so lange anhalten würde, wie sein Hormonspiegel ausgeglichen war.

Ein buddhistisches Sutra beschreibt die Flüchtigkeit eines solchen Vergnügens sehr anschaulich:

> ***Wenn der, der sinnliches Vergnügen sucht, es erlangt,***
> ***ja, dann ist sein Herz entzückt.***
> ***Der Sterbliche erhält, was er will.***
> ***Aber wenn für den gleichen Menschen, der sehnt und wünscht, die Freuden vergehen,***
> ***Ist er erschüttert, als durchbohre ihn ein Pfeil.***

Das heißt nicht, dass der Buddhismus Sex und Vergnügen ablehnt. Wenn Sutras vom Loslassen der »Wünsche« sprechen, heißt das nicht, dass man auf sinnliche Freuden verzichten sollte. Der entsprechende buddhistische Grundsatz lautet: »Ein Jünger von Buddha missbraucht Sexualität nicht.« Damit ist erzwungener Sex und zwanghaftes sexuelles Verhalten gemeint, das als Sucht angesehen wird.

Aus buddhistischer Sicht ist nur der Wunsch, an vergänglichen Dingen festzuhalten, schädlich. »Erst wenn man die Illusion des ewigen Ichs und der Beständigkeit materieller Dinge durchschaut hat, ist man wirklich frei«, sagt Patrick Hawk. »Das Ziel ist, nicht gefangen zu sein in einer Haltung oder einer Abhängigkeit.«

Ein Problem bei unseren Wünschen besteht darin, dass viele Dinge, die wir herbeisehnen, uns nicht befriedigen, wenn wir sie erst einmal haben. In einer 2003 an der Harvarduniversität durchgeführten Studie wurden die Studenten dort gefragt, ob sie lieber a) 50 000 Dollar pro Jahr hätten, wenn die anderen nur die Hälfte bekämen oder b) 100 000 Dollar, wenn die anderen doppelt so viel bekämen. Die Mehrheit entschied sich für die Variante a). Sie waren mit weniger zufrieden, solange sie nur mehr hatten als die anderen. Andere Untersuchungen haben dieses Phänomen bestätigt. Die Freude über die eigene Gehaltserhöhung schwindet, wenn man erfährt, dass der Kollege mehr Gehalt bekommen hat als man selbst.

Wenn wir unruhig oder ängstlich sind, gehen wir vielleicht einkaufen, auch wenn wir es uns nicht leisten können. Wenn wir uns Dinge, die wir kaufen, nicht leisten können, führen die daraus entstehenden Schulden zu noch größerer Anspannung und Ängstlichkeit. Und selbst wenn wir uns viele Dinge leisten können, stellen wir möglicherweise, wie ein Zen-Sprichwort es so trefflich auf den Punkt bringt, fest, dass »Besitztümer, die wir besitzen wollen, letztendlich uns besitzen.«

Die etwas ironische Entsprechung unserer westlichen Welt lautet: »Die zwei glücklichsten Tage im Leben eines Bootsbesitzers sind der Tag, an dem er sein Boot kauft, und der Tag, an dem er es wieder verkauft.«

Unser Mythos vom Glück ist nicht auf Materielles beschränkt. Die Dinge, von denen wir annehmen, dass sie uns glücklich machen, können gegenständlich, nicht gegenständlich oder spirituell sein. Jim, ein Freund aus Kindertagen, war in seiner Jugend ein großer Sportler; ein Turner, der aber auch anderen Sportarten aktiv nachging. Er besuchte eine gute Universität und trotz einiger Lernschwierigkeiten machte er dort seinen Doktor, weil sein dominanter Vater der Meinung war, dass eine Universitätsprofessur der Gipfel des Erfolgs sei. Jim wurde an eine Universität berufen, musste aber bald feststellen, dass er den Universitätsbetrieb hasste. Als er einmal nach seiner Arbeit gefragt wurde, konnte ich förmlich beobachten, wie ihm der Schweiß ausbrach. Er gestand mir damals, dass es ihn viel glücklicher machen würde, wenn er beim Christlichen Verein junger Menschen als Sportlehrer arbeiten würde.

Andre Agassi, der meiner Meinung nach im Tennis alles erreicht hat, was überhaupt nur möglich ist, enthüllte in einem Fernsehinterview, dass er Tennis immer gehasst und der Sport ihm das Leben schwer gemacht habe. Und das, obwohl er einst die Nummer eins im Tennis war!

✦ **ÜBUNG:** Was sind Ihre Mythen?

Die Dinge, die Sie Ihrer Meinung nach glücklich machen, sind nicht unbedingt falsch für Sie. Es soll Ihnen hier nur bewusst werden, wie sie Ihr Leben beeinflussen.

Schreiben Sie alle Dinge auf, die Sie Ihrer Meinung nach brauchen, um glücklich zu sein. Dazu könnten Ruhm, Schönheit, Reichtum, Beliebtheit gehören, aber auch ein angesehener Beruf, Erfolg, Einheirat in bessere Kreise oder Spiritualität.

✎ ____

____

✎

Notieren Sie nun, welche Dinge Sie erreicht haben, welche tatsächlich zu Ihrem persönlichen Glück beigetragen und welchen Preis Sie für das Glück bezahlt haben.

✎

Den Mythos Glück findet man aber auch in den eigenen negativen Annahmen. Dazu gehören zum Beispiel:

- Immer wenn eine Beziehung zu eng wird, muss ich irgendwann dafür büßen.
- Wenn ich meine Gefühle zeige, bin ich ein Schwächling in den Augen der anderen, und sie nutzen mich aus.
- Wenn ich nicht wütend werde, denkt derjenige, der mich beleidigt hat, dass ich feige bin und sein Verhalten gutheiße.
- Wenn ich großzügig bin, werde ich ausgenutzt.

✦ **ÜBUNG:** Welche negativen Annahmen vertreten Sie?

✎ ______________________________

____

____

____

____

____

Wären Sie glücklicher, wenn Sie Ihre negativen Annahmen aufgeben könnten?

Wenn wir unsere durch den Mythos Glück entstandenen Bedürfnisse stillen und trotzdem nicht glücklich sind oder nur eine vorübergehende Befriedigung verspüren, werden wir höchstwahrscheinlich wütend. Vielleicht sind wir uns dieser Wut nicht bewusst, sondern spüren nur ständig den Wunsch nach einem weiteren Glücksschub. Außerdem wird das Problem noch durch einen weiteren Umstand verstärkt, wenn wir nämlich annehmen, dass unsere Freunde, die ebenso viel Glück hatten wie wir – also zum Beispiel ein Auto oder ein Boot besitzen –, glücklich sind und wir nicht.

Entmythisierung

Das Loslassen des Mythos Glück ist eine echte Herausforderung, weil er ganz tief in uns verankert ist. Viele Menschen sind so sehr in ihren Gewohnheiten verhaftet, dass sie sich beispielsweise nur noch übers Geldverdienen definieren. Und das selbst dann noch, wenn es bereits erste Anzeichen dafür gibt, dass diese Jagd ihrem Glück nicht zuträglich ist. Ein Mensch, dem das Geldverdienen über die Maßen wichtig ist, vernachlässigt nicht nur seine Familie, sondern auch alles andere. Diese Jagd aufzugeben, würde aber als »Tod« oder Verlust der Identität empfunden. Der Zen-Buddhismus nennt diese Art von Tod den »kleinen Tod«, der in Wahrheit jedoch einen geistigen Hinzugewinn bedeutet.

Anders ausgedrückt heißt das, dass wir uns weigern, unsere Arbeit, eine Beziehung oder das ständige Essen aufzugeben, weil wir diese Dinge brauchen, um uns mit ihnen zu trösten, wenn wir niedergeschlagen sind. Wir sind nicht gewillt, die gewohnte Ordnung in unserem Leben zu durchbrechen und den seelischen Schmerz zu ertragen, und sorgen so dafür, dass wir in einer Situation gefangen bleiben, in der unsere eigentlichen Wünsche nicht erfüllt werden und sind so ewig unzufrieden.

Weil wir zu wissen glauben, was uns glücklich macht, gehen wir mit Scheuklappen durchs Leben, immer auf der Suche nach dem Glück, anstatt mit dem zufrieden zu sein, was wir haben und wo wir sind. Wie schon eingangs erwähnt, bietet der Buddhismus eine Methode, um sich glücklich zu fühlen. Die damit verbundene Loslösung von den frühen Prägungen wird durch Meditation erreicht: »Nach innen schauen, um Körper und Geist fallen zu lassen«, so beschreibt es der Weise Dogen. Wenn wir meditieren, werden wir zum stillen Beobachter unserer Gedanken und Überzeugungen. Ganz losgelöst können wir so unser Tun und Lassen, das unserem Glück entweder schadet oder ihm nutzt, betrachten (siehe einfache Meditationsanleitung auf Seite 115).

Letztendlich können uns auch unsere Ziele besitzen, ähnlich wie unsere Besitztümer uns besitzen können. Die Lösung liegt darin zu erkennen, dass wir selbst sie erschaffen haben. »Es gilt zu begreifen, dass nur wir ihnen Bedeutung verleihen«, sagt Patrick Hawk. Wenn Ihre Ziele nicht mehr stimmig sind, müssen Sie sie ändern. Seien Sie flexibel. Bleiben Sie offen für andere Möglichkeiten. »Nur wer den Schein der Bedeutung durchschaut, wird vollkommen frei sein.«

Erst wenn wir unsere Vorstellung davon, was uns glücklich macht, aufgeben, werden wir weniger Wut verspüren, weil wir die daraus entstehende Unzufriedenheit und Frustration unterbinden. Und wenn wir verstehen, dass wir gar nicht wissen können, wie sich die Dinge entwickeln, sind wir in der Lage, im Augenblick zu leben, ohne eine vorgefasste Meinung davon zu haben, was gut für uns ist. Nur so sind wir frei, mit unserem Leben zu experimentieren, und nur so vergrößern wir die Chance, unser Glück zu finden. Der wahre Schatz ist die Gelassenheit, sich inmitten von Freud und Leid die Haltung des »Nichtwissens« zu bewahren.

Die unerschütterliche Ruhe

Mit der Wut der anderen umgehen lernen

Als Buddha einst in der Nähe der Stadt Rajagaha lehrte, erfuhr ein Brahmane, dass einer seiner Gefährten sein Zuhause verlassen hatte und Schüler des Gesegneten geworden war. Der Brahmane war wütend und verärgert und suchte Buddha auf. Als er eintraf, beschimpfte er Buddha aufs Wüsteste.

Auf diese Weise angesprochen, erwiderte der Gesegnete: »Sag mir, Brahmane: Hast du manchmal Besuch von Freunden, Verwandten oder sonstigen Gästen?«

»Ja, Meister Gautama, ich habe manchmal Gäste.«

»Und wenn sie kommen, bietest du ihnen dann Speis und Trank und ein Nachtlager?«

»Ja, das tu ich manchmal.«

»Aber wenn deine Besucher deine Gaben ablehnen, wem gehören sie dann?«

»Nun, Meister Gautama, wenn der Gast sie nicht will, dann gehören sie nach wie vor uns.«

»Genauso verhält es sich auch hier, Brahmane: Du beschimpfst uns, die wir dich nicht beschimpfen, du tadelst uns, die wir dich nicht tadeln, du schmähst uns, die wir dich nicht schmähen. Wir nehmen es also von dir nicht an, und deshalb gehört es weiterhin dir, Brahmane …«

✦

Ganz gleich, wie sehr wir unsere eigene Wut beherrschen, leben wir in einer Welt, in der wir der Wut anderer ausgesetzt sind.

Wir lernen von klein auf, dass wir wütend werden müssen, wenn uns jemand beleidigt. Der Wut eines anderen ausgesetzt zu sein, ist, als würde man von einem Fausthieb getroffen. Unser Kampf-oder-Flucht-Verhalten wird ausgelöst, Adrenalin wird durch den Körper gepumpt, und schon sind wir unseren primitiven, irrationalen Trieben ausgeliefert. »Das lass ich mir von keinem bieten!«, lautet unsere empörte Antwort. Wir glauben, dass wir unsere Wut nur besänftigen können, indem wir dem anderen ebenfalls Schmerz zufügen. Aber außer dass es zu einer Eskalation von Wut auf beiden Seiten kommt, passiert rein gar nichts.

Gleichwohl wenden buddhistische Meister überaus kunstvolle Methoden an, um auf die Wutausbrüche anderer zu reagieren. Chögyam Trungpa, einer der ersten

Meister, die den tibetischen Buddhismus in die westliche Welt gebracht haben, schildert eine solche Methode:

> Geduld haben bedeutet, Drohungen, Wut, Angriffe und Beleidigungen nicht zurückzugeben. Aber es bedeutet nicht, vollkommen passiv zu sein. Stattdessen nutzen wir die Energie der anderen Person, wie im Judo … Unsere Reaktion ist defensiv in dem Sinne, dass wir die Drohung des anderen nicht mit einer Drohung beantworten und gleichzeitig weitere Aggression vermeiden, indem wir dafür sorgen, dass sich die Energie des anderen selbst untergräbt.

Wer Judo und andere Kampfsportarten praktiziert, lernt, im letzten Augenblick zur Seite zu springen, wenn er angegriffen wird; der Angreifer geht so vielleicht zu Boden. Aber auch gar nicht zu reagieren, ist eine Art von Judo; man lässt die Wut an sich vorbeigleiten, als handle es sich um einen Windhauch. »Man gibt der Energie des anderen viel Raum, und zwar ohne diese zu beurteilen und ohne zu reagieren«, erklärt David Schneider, Lehrer in der Trungpa-Shambhala-Tradition. »Diese Energie wird sich entweder selbst erschöpfen oder sie wird von der Person wahrgenommen, sozusagen »gehört«. Wenn das passiert, fällt sie oftmals in sich zusammen. Ein solches Handeln ist nicht nur passiv, denn es gehört eine gehörige Portion an Energie dazu, Raum zu lassen, nicht zu urteilen und die Wut nicht zurückzugeben. Es bedarf Stärke und Einsicht, sich auf diese Weise zu behaupten.«

In *An Open Heart* schreibt der Dalai Lama: »Solange wir eine positive geistige Einstellung haben, wird es uns nicht an innerem Frieden mangeln, auch wenn wir von Feindseligkeit umgeben sind.« Wenn wir Wut mit Wut vergelten, steigt die feindselige Energie exponentiell, und wir verlieren unsere Gelassenheit. »Stellen Sie sich vor, dass Ihr Nachbar Sie hasst und Ihnen ständig Scherereien macht«, schreibt Seine Heiligkeit. »Wenn Sie die Beherrschung verlieren und ihn mit der Zeit ebenfalls hassen, wird Ihre Verdauung darunter leiden, ebenso Ihr Schlaf, und über kurz oder lang werden Sie Beruhigungs- und Schlafmittel einnehmen müssen … Ihre Stimmung wird beeinträchtigt; und das Ende vom Lied wird sein, dass Ihre Freunde ausbleiben. Irgendwann haben Sie graue Haare und Falten und vielleicht sogar ernsthafte gesundheitliche Probleme. Und dann ist Ihr Nachbar glücklich. Ohne Sie körperlich zu berühren, hat er sein Ziel erreicht.

Wenn Sie aber trotz seiner Ungerechtigkeiten ruhig, glücklich und friedlich bleiben, erhalten Sie sich Ihre Gesundheit, bleiben fröhlich, und es kommen mehr Freunde zu Besuch. Sie haben mehr Erfolg im Leben. Das wird Ihrem Nachbarn zu denken geben. Ich bin der Meinung, dass dies der weise Weg ist, um Ihrem Nachbarn Schaden zuzufügen. Und ich meine das ganz ernst. Ich habe nämlich einige Erfahrung auf dem Gebiet.«

Der Dalai Lama verfügt über lebenslange Erfahrung im Umgang mit Mitgefühl sowie seiner eigenen Wut und der der anderen. Aber der Weg des Buddhismus gilt für alle – Wut nicht mit Wut zu vergelten und keine Gewalt heraufzubeschwören. Wenn wir richtig mit der Wut umgehen wollen, die unweigerlich entsteht, wenn wir angegriffen werden, müssen wir der Wut des anderen Raum geben, ohne zu reagieren. Unsere eigene Stärke und Ruhe führt dem Angreifer die Sinnlosigkeit und Unverhältnismäßigkeit seines Verhaltens vor Augen, und selbst wenn dem nicht so ist, sind wir wenigstens in der Lage, vernünftig und wirksam zu handeln.

Die Soto-Zen-Priesterin am San Francisco Zen Center Shosan Victoria Austin schlägt Folgendes vor, wenn wir mit Wut konfrontiert werden:

KONTERN STATT BLOSS REAGIEREN

Folgen Sie den nachstehenden Schritten, wenn Sie die Wut eines anderen Menschen trifft.

1. **Geben Sie sich Raum und Zeit, bevor Sie kontern. Atmen Sie ein paarmal tief ein.**

2. Beobachten Sie genau Gesicht und Körper Ihres Gegenübers, um zu ergründen, was in ihm oder ihr vorgeht. Achten Sie auf körperliche Anzeichen und vor allem auf eventuelle Veränderungen auf der Vertrauensebene. Wenn bei einem Menschen die Anspannung nachlässt, werden die Augen größer, und er neigt sich leicht in Ihre Richtung.
3. Überlegen Sie, welche Folgen es hätte, wenn Sie gar nichts tun würden – ob etwas, was kurzfristig vielleicht hilfreich ist, später negative Auswirkungen haben könnte.
4. Fragen Sie sich: Was unterstelle ich? Fragen Sie Ihr Gegenüber, was für ein Problem er oder sie hat. Überlegen Sie, welche Rolle Sie bei der Entstehung des Problems gespielt haben.
5. Versuchen Sie, sowohl gegenüber Ihren eigenen Grenzen, Werten und Schwachstellen wie auch gegenüber denen des anderen respektvoll und nachsichtig zu sein.

Ein Konflikt ist nicht selten das Resultat unterschiedlicher Werte, wie zum Beispiel, wenn zwei Familienmitglieder sich nicht einigen können, ob ein Elternteil besser zuhause oder in einem Heim aufgehoben ist. Der eine will in erster Linie Sicherheit für die Mutter, der andere, dass sie glücklich ist. Der nach Sicherheit Strebende äußert vielleicht irgendwann ganz klar: »Ich kann nicht die ganze Zeit hier sein, und ich habe Angst, dass ihr etwas zustößt«, woraufhin der andere erwidert: »Mir wäre nicht mehr wohl in

meiner Haut, wenn ich die Wünsche meiner Mutter nicht respektieren würde.« Damit geht es bei der Auseinandersetzung weniger um Positionen als um Bedenken.

6. **Äußern Sie sich aus einer klaren inneren Einstellung heraus. Fragen Sie sich: »Was sollte ich meinem Gegenüber wirklich mitteilen?«, und unterlassen Sie es, Ihren Gefühlen aus anderen Gründen freien Lauf zu lassen. Prüfen Sie, ob Ihre Worte und Ihr Tun frei sind von Genusssucht, Groll und Böswilligkeit. Überlegen Sie nicht nur, was Sie sagen, sondern auch wie Sie etwas sagen wollen.**
7. ***Nehmen Sie niemals vorsätzlich Rache.* Der oberste Grundsatz im Buddhismus lautet, dass alle Menschen mitfühlende Zuwendung verdienen, und zwar auch dieser bestimmte Mensch.**

Shosan Victoria Austin

Natürlich gibt es Wutausbrüche, die wir einfach ignorieren sollten. In plötzlich eintretenden Situationen mit Aggressionspotenzial, wie sie beispielsweise im Straßenverkehr vorkommen, wenn etwa ein Autofahrer einem anderen eine Beleidigung hinterherschreit, ist die beste Antwort die, gar nicht zu reagieren. Weil wir diesem Menschen höchstwahrscheinlich nie wieder begegnen werden, sind wir frei in unserer Entscheidung, diesen Kampf erst gar nicht zu beginnen. (Bedauerlicherweise handeln allzu wenige Menschen so.) Natürlich wäre es schön, wenn wir einen netten, leidenschaftslosen Plausch mit ihm führen könnten, aber dazu wird es wahrscheinlich nicht kommen, und wenn doch, stünden die Chancen gering, dass dieser zu etwas führen würde. Zum einen würden Sie, wenn Sie mit dem Fahrer sprechen würden, seine Vorurteile lediglich bestätigen – und eines davon wäre, dass Sie am Steuer einen kompletten Vollidioten darstellen. Zum anderen muss seine Wut nicht unbedingt mit Ihnen oder dem, was Sie getan haben, zusammenhängen. Möglicherweise wollte er nur seiner aufgestauten Wut Luft machen. In diesem Fall wird nichts, was Sie sagen oder tun, auch nur in die Nähe der Ursache seiner Wut kommen.

Wenn Sie zufällig in eine Auseinandersetzung mit einem wütenden Fremden geraten, ist es vielleicht am besten, die eigenen Vergeltungswünsche bleiben zu lassen und gar nicht zu antworten. Es wäre ja immerhin möglich, dass unser beispielhaftes Verhalten ihm eine neue Möglichkeit aufzeigt, die Auseinandersetzung zu beenden. Wenn die Mehrheit der Menschen sich so weigern würde, dem Verein der Kämpfer beizutreten, würde es auch weniger Kämpfe geben.

Anders verhält es sich, wenn die Wut, die sich gegen Sie richtet, von einem vertrauten Menschen oder Vorgesetzten ausgeht. In einem solchen Fall können Sie dem- oder derjenigen nicht einfach den Rücken zuwenden. Dies könnte unabsehbare Folgen haben.

Aber gerade weil Sie eine stabile Beziehung führen, besitzen Sie ein starkes Gegenmittel, auch wenn Sie für den Wütenden im Augenblick bzw. in seinem Erregungszustand als menschliches Wesen mit eigenen Tugenden und Schwächen vielleicht gar nicht existieren. Vergleichbar einem Sexobjekt, das nur zur Befriedigung der eigenen Triebe benutzt wird, sind Sie zum Wutobjekt geworden, zum Punchingball, an dem die eigene Wut ausgelassen wird.

In einer solchen Situation sollten Sie Ihr Gegenüber an Ihre enge persönliche Beziehung erinnern. Das kann mit sehr einfachen Worten geschehen, wie zum Beispiel »Deine Wut tut mir weh« oder »Deine Wut verletzt mich«. Wenn der andere Mensch seine Wut lang genug beherrschen kann, um Sie zu hören, könnte ihn dieses Erinnern an Ihre Verletzlichkeit innehalten lassen, und Sie könnten die Gelegenheit nutzen, um ein Gespräch mit ihm zu beginnen. »Lass uns darüber reden.«

Bevor Sie dies tun, sollten Sie sich bewusst machen, was zwischen Ihnen und Ihrem Gegenüber passiert. Versuchen Sie herauszufinden, worauf es ihm ankommt, oder anders ausgedrückt, welche unerfüllten Wünsche und Bedürfnisse der andere Mensch hat. Es kommt überhaupt nicht darauf an, ob seine Wut gerechtfertigt ist oder nicht. Wenn Sie Beobachter der Wut Ihres Gegenübers sein können und dabei gelassen bleiben, haben Sie die Möglichkeit, die Situation zu überdenken. Wenn Sie der Meinung sind, dass ein Schuldeingeständnis angemessen ist, dann sollten Sie sich entschuldigen. Fragen Sie sich, ob Sie eine berechtigte Forderung, die der Wut zugrunde liegt, nicht erfüllt haben und ob Sie diese überhaupt erfüllen können. Sind Sie vielleicht mitschuldig an der Wut? Haben Sie den Wutanfall dadurch ausgelöst, dass Sie mit aller Wucht die Tür zugeschlagen haben? Die Wut des anderen könnte auch ein Appell sein. Ist Ihnen vielleicht gar nicht bewusst, dass Sie ständig etwas tun, was andere wütend macht?

In manchen Situationen ist das wirksamste Mittel dasjenige, welches Thich Nhat Hanh »anteilnehmendes Zuhören« nennt. »Setzen Sie sich ruhig hin, und hören Sie zu, und konzentrieren Sie sich nur auf eines, nämlich darauf, dem anderen Menschen die Möglichkeit zu geben, sich zu äußern und seinen Frust loszuwerden.«

Wie weise diese Einstellung ist, wussten schon die alten Ägypter:

Wenn du ein Mann in führender Stellung bist,
höre demjenigen gut zu, der inständig bittet;
verbiete ihm nicht, seinen Körper zu geißeln,
von dem er sich vorgenommen, dir zu erzählen.
Ein Mann in Not will sein Herz ausschütten,
mehr als seiner Sache zum Sieg zu verhelfen.

Die Lehre des Ptahhotep

Humor und Mitgefühl

Unter Umständen kann ein Zeichen von Mitgefühl die Wut des anderen besänftigen. Als ein Freund Fotokopien abholen wollte, die um 14 Uhr fertig sein sollten, war der einzige Angestellte im Laden, der meinem Freund überdies den Rücken zuwandte, anscheinend sehr beschäftigt. Nach einer Weile räusperte sich mein Freund. Doch der Angestellte drehte sich immer noch nicht zu ihm um. Um 14.15 Uhr fragte mein Freund schließlich: »Könnten Sie mir vielleicht helfen?«, woraufhin der Angestellte ziemlich unwirsch zurückgab: »Nein, Sie müssen schon warten, bis meine Kollegin aus ihrer Pause zurückkommt.«

»Ist heute so ein Tag, wo alles schiefgeht?«, fragte mein Freund. »Solche Tage kenne ich nur zu gut, das können Sie mir glauben.« Kurz darauf fragte der Angestellte, wie er ihm helfen könne, und händigte meinem Freund die gewünschten Kopien aus.

In der Paartherapie spielt Mitgefühl eine große Rolle, wenn beispielsweise ein Paar beraten wird, das über eine Scheidung nachdenkt. Während der ersten Stunde, als die Therapeutin gerade erst begonnen hatte, die Vorgehensweise zu erläutern, fiel ihr der Mann, der schwerhörig war, ins Wort: »Sie können nicht helfen, weil Sie nicht taub sind, und Sie können auch nicht wissen, was es heißt, taub zu sein.«

Die Therapeutin gab ihm Recht. Sie könne nicht wissen, was es bedeute, taub zu sein, aber sie könne mitfühlen. Sie schilderte, wie isoliert sie sich fühle, wenn jemand hinter ihrem Rücken flüstere und wenn sich Menschen in ihrer Gegenwart über sie unterhielten, als sei sie gar nicht anwesend. Ihr Mitgefühl reichte aus, um bei dem Patienten die Bereitschaft zu wecken, sich auf ein Gespräch einzulassen und die Therapie zu einem erfolgreichen Ende zu führen.

Auch Humor kann ein wirksames Mittel sein, um Wut zu besänftigen, vor allem, wenn er etwas Absurdes aufdeckt. Vor einiger Zeit vertrat ich eine bekannte Schauspielerin in einer Grundbesitzsache in Tucson. Sie kam in ihrem Privatflugzeug nach Tucson geflogen und bat mich, sie abzuholen, um kein Aufsehen zu erregen. Als ich mich auf den Weg zum Flughafen machen wollte, fragte mich meine Tochter, ob sie und ihre Freundin, die bei uns zu Besuch war, mitkommen dürften. Ich sagte spontan zu. Als ich neben das Flugzeug fuhr, die Dame ausstieg, zum Auto kam und die Kinder auf dem Rücksitz entdeckte, stieß sie wütend hervor: »Haben Sie etwa Karten für meine Ankunft verkauft?«

»Sie haben's erraten«, gab ich zurück. »Wie wär's, wenn wir die Einnahmen teilten?«

Sie lachte, und damit war das Ganze beendet.

Familienzwistigkeiten

Besonders schmerzlich ist es, wenn Familienmitglieder aufeinander wütend sind. Wenn sich die Wut verfestigt, kann sie sogar zum Dauerzustand werden, bis jemand die ausweglose Situation beendet. Ein gutes Beispiel dafür ist die Geschichte der beiden Schwestern Kate und Jean.

Jean war sechs Jahre jünger als Kate, und wie vielen Erstgeborenen gefiel es Kate ganz und gar nicht, von dem »Eindringling« entthront zu werden. Die Sache wurde noch schlimmer, weil Kate zu allem Überfluss auch noch babysitten und die jüngere Schwester, als diese etwas älter war, zu Tennis- und Klavierstunden begleiten musste. Als Kate ihren Führerschein gemacht hatte, musste sie ihrer Meinung nach nur noch den Chauffeur für Jean spielen. Der Unmut über die ihr aufgezwungene Rolle und die kleine Schwester wuchsen im Lauf der Jahre.

Nach dem College zog Kate aus und wurde Lehrerin. Jean blieb im Heimatort und wurde erfolgreiche Wirtschaftsprüferin. Ihre Eltern suchten in finanziellen Angelegenheiten stets Jeans Rat, und im Laufe der Zeit und mit zunehmendem Alter legten sie alle finanziellen Belange in Jeans Hände, bis Jean fast alles, was mit Geld zu tun hatte, verwaltete. Als Kate davon erfuhr, explodierte sie und verlangte, dass ein Vermögensverwalter hinzugezogen würde. Als Jean ihr erklärte, wie teuer dies wäre, schlug Kate vor, die Kosten dafür zu teilen. Jean weigerte sich, weil Kate zu weit weg wohnte und außerdem wenig Ahnung von Gelddingen hatte.

Kate sah keinen anderen Ausweg, als das Ganze auf rechtlichem Wege zu klären. Als der Anwalt ihr mitteilte, auf welch dünnem Eis sie sich bewegen würde, schrieb sie einen wütenden Brief an Jean, in dem sie ihre Schwester beschuldigte, sich am Geld der Eltern zu bereichern. Jetzt war es Jean, die explodierte. »So denkst du also von mir«, schrieb sie. »Fahr zur Hölle, und wage es ja nicht, mich anzurufen, denn ich möchte nie wieder etwas mit dir zu tun haben.«

Der Bruch zwischen den beiden Schwestern schien endgültig besiegelt.

Jahre später wurde Jean klar, dass der berufliche Stress in ihrer Wirtschaftsprüferkanzlei sowie die Pflege der Eltern zu Lasten ihrer Gesundheit gingen. Auf Anraten ihres Arztes versuchte sie es mit Meditation, was sie mit dem Buddhismus in Berührung brachte. Als sie las, dass die zerstörerische Kraft der Wut auch das persönliche Glück ruinieren kann, fing sie an, über die Entfremdung von ihrer Schwester nachzudenken. Nachdem sie sich ausführlicher mit den buddhistischen Gedanken über das Gefühl der Wut befasste, wurde ihr klar, dass sie mit Kate reden musste.

Die Versöhnung begann in kleinen Schritten. Jean rief Kate an und entschuldigte sich. Sie ließ Kate wissen, dass sie verstand, warum Kate fühlte, wie sie fühlte – Kate war vom ganzen Geschehen ausgeschlossen gewesen –, das wollte sie wiedergutmachen. Kate erwiderte, dass sie darüber nachdenken müsse.

Am darauffolgenden Tag rief Kate an und sagte, dass sie einfach über die finanzielle Lage ihrer Eltern informiert sein wolle. Im Laufe des Gesprächs gab Jean zu, überheblich gewesen zu sein, indem sie Kate von sämtlichen Entscheidungen der Eltern ferngehalten hatte.

Bei einem der nächsten Anrufe räumte Kate ein, dass ihre Wut auf Jean eine Last war, die sie seit ihrer Kindheit mit sich herumtrug, und sie war erleichtert, dass sich nun die Gelegenheit dafür bot, den Zwist endlich aus der Welt zu schaffen. Inzwischen sprechen sich die beiden Schwestern bei allen die Eltern betreffenden Entscheidungen ab. Kate hat Jean sogar darum gebeten, ihre eigenen finanziellen Dinge zu regeln, und sie besuchen einander, wann immer sie können.

In diesem Fall, in dem sich eine scheinbar unüberwindliche Kluft zwischen Geschwistern aufgetan hatte, bewies Jean genug Mut, die Hand auszustrecken und so die verfahrene Lage zu beenden. Als sie dann feststellte, dass Kate ebenfalls unter der Situation litt, war sie froh und glücklich, dass sich ihre Beziehung langsam wieder normalisierte.

Wütende Mitmenschen

Leg dich nie mit einem Schwein an,
das Schwein wird schmutzig,
du wirst schmutzig,
aber das Schwein hat seinen Spaß dabei.

Amerikanisches Sprichwort

Manchmal haben Sie es ja mit einem Menschen zu tun, der chronisch wütend ist. Vielleicht ist er ein Zyniker, der ständig alles kritisiert, weil er meint, dass die Welt seinen Ansprüchen zu genügen hätte. Unter Umständen wartet er geradezu auf eine Gelegenheit, seiner Missbilligung Ausdruck zu verleihen, um auf diese Weise seine eigene Überlegenheit zu demonstrieren. Sie wollen die Beziehung aus verschiedenen Gründen aufrechterhalten, weil Sie eine lange gemeinsame Vergangenheit haben oder die Person über Qualitäten verfügt, die die Wut aufwiegen. Es könnte sogar sein, dass genau das, was diesen Menschen schwierig macht, gelegentlich auch spaßig und interessant ist. Wie auch immer – wenn Sie mit diesem Menschen weiterhin befreundet bleiben wollen, müssen Sie seine starke Angespanntheit akzeptieren. Wenn Sie ihn gut kennen, verstehen Sie vielleicht, woher die Ausbrüche rühren, und das macht es einfacher, die Aggressionen nicht persönlich zu nehmen.

Wenn Sie aber unter Umständen feststellen müssen, dass es sich trotz gesellschaftlich akzeptierter Verhaltensweisen um eine im Grunde aggressive Persönlichkeit handelt, wollen Sie vielleicht sogar nichts mehr mit ihm oder ihr zu tun haben. Ich selbst habe erst vor Kurzem einigen alten Freunden, die notorisch kritisch und zynisch in ihren Äußerungen waren, die Freundschaft aufgekündigt. Ich begriff, dass mich das Zusammensein mit ihnen nicht froh machte. Ich kann nicht genau sagen, ob sich meine Einstellung zu ihnen im Lauf der Zeit geändert hat, ich diese Menschen einfach nicht mehr so schätze, wie ich es früher getan habe, oder ob ich es einfach nicht mehr in Ordnung finde, so zynisch zu sein.

Versteckte Wut oder passiv-aggressives Verhalten ist nur schwer zu ertragen, weil sich Derartiges häufig hinter Worten oder Taten verbirgt, die normal, ja sogar liebevoll erscheinen mögen. Der passiv-aggressive Mensch wird nicht direkt sagen, dass er Ihren Wunsch nicht erfüllen will, er wird es ganz einfach nicht tun. Er »vergisst« es einfach oder er kommt ständig zu spät. Eine Möglichkeit, mit einem solchen Verhalten fertigzuwerden, ist, Grenzen zu setzen und Taten folgen zu lassen, zum Beispiel, genau festzulegen, wie lange man auf einen Freund wartet, der ständig zu spät kommt, oder eine Strafe für Zuspätkommen bei der Arbeit. Sie können die Wut aber auch direkt ansprechen: »Ich spüre, dass du wütend bist.« »Kannst du mir helfen, damit ich es verstehe?«

Es könnte schwierig sein, den passiv-aggressiven Menschen direkt anzusprechen, vor allem wenn er sich, wie so oft, der Wut, die seinen Worten oder Handlungen zugrunde liegt, nicht bewusst ist. Deshalb ist es sinnvoll, *Ihre* Gefühle und nicht sein inakzeptables Verhalten zum Gegenstand des Gesprächs zu machen. Sie könnten zum Beispiel sagen: »Ich habe gehört, dass du das, was ich dir gestern im Vertrauen erzählt habe, weitererzählt hast. Das ist wirklich sehr verletzend; bitte unterlass das in Zukunft.«

In Amerika gibt es ein häufig gebrauchtes Sprichwort, das sinngemäß so lautet: »Nicht wütend werden, sondern Rache nehmen.« Aber Shosan Victoria Austin hat es neu formuliert: »Nicht wütend werden, sondern wirksam handeln.«

»Als ich über das Sprichwort nachdachte, begriff ich, dass damit der Böswilligkeit geradezu Vorschub geleistet wird. Dieses Prinzip sorgt ja dafür, dass Konflikte sich verschärfen und Kriege überhaupt erst entstehen. Mir fiel lange kein Weg ein, Wut gewaltlos zu begegnen, ohne mich zum Fußabstreifer zu machen. Erst als ich mich intensiver mit Meditation und Yoga beschäftigte, begriff ich, dass Wut eine Energie ist, die für ungesunde Zwecke eingesetzt wird und darüber hinaus eine ungesunde Wirkung auf den Körper hat. So fing ich an, nach einem friedlichen Weg zu suchen, um diese Energie zu nutzen.«

Austin veranschaulicht ihre Vorgehensweise am Beispiel von Ellen, einer Frau, deren Chef sich ihr gegenüber überkritisch verhielt. Ellen strebte eine Beförderung an und überlegte sich eine Strategie, mit der sie punkten konnte. Sie schrieb alles auf, was ihr Chef über sie äußerte, und analysierte, welche Appelle hinter der harten Kritik steckten. Als sie schließlich die Beförderung beantragte, konnte sie schwarz auf weiß nachweisen, wie gut sie in jedem Bereich, den ihr Chef angesprochen hatte, arbeitete. Sie präsentierte ihre Aufstellung an höherer Stelle und erhielt daraufhin den gleichen Dienstrang wie ihr Chef.

Die vielleicht schlimmste Art von Wut, die sich gegen uns richtet, ist die, die nicht der Not oder einem Leiden entspringt, sondern einer gezielten Strategie. Wir haben wahrscheinlich alle schon einmal erlebt, dass jemand Wut einsetzt, um uns zu kontrollieren und zu manipulieren. Vor allem in der Arbeitswelt haben wir es mit Vorgesetzten zu tun, die die Ansicht vertreten, Wut sei legitimer Bestandteil eines Führungsstils. Wenn Vorgesetzte ihre Untergebenen mobben, reicht es oft schon aus, das Tun direkt anzusprechen, um in Zukunft davon verschont zu bleiben. Der künstlerische Leiter eines Medienunternehmens, dem zudem eine Abteilung unterstand, wurde von seinem Chef vor der ganzen Abteilung kritisiert und gerügt. Nach einem solchen Vorfall wartete der Mann, bis der Chef allein war, marschierte dann in dessen Büro und erklärte: »Wenn Sie mich noch einmal so behandeln, bin ich weg.« Nach diesem Vorfall verhielt sich sein Chef stets korrekt.

Natürlich können es sich viele nicht leisten, so zu handeln (man hat finanzielle Verpflichtungen und kann nicht einfach alles hinschmeißen). In einem solchen Fall ist es überlebensnotwendig, den ausgeworfenen Köder nicht zu schlucken – so lange, bis Sie eine neue Stelle gefunden haben. Hier kann man sich nur so verhalten, wie es der Dalai Lama angesichts des anhaltenden Konflikts mit China tut: »Trotz der sehr unglücklichen Umstände bleibe ich für gewöhnlich gelassen und ruhe in mir selbst. Ich halte das für sehr nützlich. Man darf Toleranz und Geduld nicht als Zeichen von Schwäche sehen, sondern vielmehr als Zeichen von Stärke.«

✦ **ÜBUNG:** Wut kontern

Schreiben Sie hier Beispiele auf, als jemand wütend auf Sie war. Wie würden Sie die Wut beschreiben? Was haben Sie getan? Schreiben Sie dann auf, was Sie jetzt, nach der Lektüre dieses Kapitels tun würden.

✎ ______________________________

____

Wenn wir es also mit einem Menschen zu tun haben, der uns drangsaliert, schikaniert oder uns irgendetwas anderes Böses antun will, sollten wir die Gelegenheit nutzen, um uns in Geduld und Toleranz zu üben – Eigenschaften, die uns unsere Menschlichkeit bewahren helfen. So gesehen, könnte unser Gegenüber als Lehrer betrachtet werden, der uns auf dem Weg zu einem besseren Leben unterstützt.

Wenn Sie bereit sind, Ihre Menschlichkeit zu zeigen, selbst wenn andere dies als Schwäche auslegen, können Sie den Wutkreislauf unterbrechen. Ein guter Anfang wäre, das Bedürfnis des anderen anzuerkennen.

Immer wenn ich diesen Weg in meinen Seminaren vorschlage, antworten die Teilnehmer, dass sie fürchten, der andere würde noch mehr Ansprüche stellen, wenn sie das Gespräch mit ihm suchen und ihm freundlich begegnen. Ich glaube, dass dies nur ein Vorwand ist, um unsere angeborene Freundlichkeit nicht preiszugeben. Warum lassen Sie es nicht einfach auf einen Versuch ankommen? Das

Schlimmste, was passieren kann, ist, dass Sie irgendwann die Beziehung beenden müssen. Aber es könnte doch auch sein, dass Sie einen Freund gewinnen (oder behalten).

Wenn Sie den Menschen, der seine Wut gegen Sie richtet, nicht mehr als Feind, sondern als ein menschliches Wesen in Not betrachten, ist ein guter Ausgang der Dinge sehr viel wahrscheinlicher geworden.

Wut oder Gelassenheit?

Sie haben die Wahl

Wer seine aufsteigende Wut so zu zügeln vermag wie ein Wagenlenker seinen rasenden Streitwagen, den nenne ich einen wahren Wagenlenker. Alle anderen halten nur die Zügel.

Buddha

Laura A. Munson aus Whitefish, Montana, tat etwas Außergewöhnliches.

Als ihr Mann, mit dem sie seit über 20 Jahren verheiratet war, eines Tages zu ihr sagte: »Ich liebe dich nicht mehr. Und ich weiß nicht, ob ich dich überhaupt jemals geliebt habe. Ich ziehe aus. Die Kinder werden das verstehen. Sie wollen sicher, dass ich glücklich bin«, beschloss sie, nicht wütend zu werden.

»Die Worte trafen mich wie eine Faust in die Magengrube, aber irgendwie hab ich's geschafft, sie an mir abprallen zu lassen«, schrieb sie in einem Artikel in der *New York Times*. Sie beschloss, die Worte ihres Mannes wie die eines Kindes zu betrachten, das einen Trotzanfall hat und versucht, seine Mutter zu schlagen. Sie nahm den Angriff nicht persönlich, weil sie wusste, dass er nicht ihr galt. Immerhin kannte sie ihren Mann gut genug, um zu vermuten, dass sein Ausbruch eher mit seiner persönlichen Krise als mit ihrer Ehe zu tun hatte. Als Laura den Schlag etwas verarbeitet und ihre Sprache wiedergefunden hatte, sagte sie: »Das nehm ich dir nicht ab.«

Zweifellos konnte sie auch deshalb so reagieren, weil sie sich erst vor Kurzem zu einer »durch nichts zu erschütternden Abmachung mit sich selbst« durchgerungen hatte, die sie »das Ende des Leidens« nannte. Sie hatte nämlich beschlossen, ihr Glück selbst in die Hand zu nehmen und sich nicht um Dinge zu bekümmern, die nicht in ihrer Macht standen. Ob sie nun Buddhistin war oder nicht, sie praktizierte die buddhistische Haltung und beschloss, gelassen zu bleiben, sich nicht demütigen und in ihrem Stolz verletzen zu lassen, nicht zu werten und nicht wütend zu werden. Ihre entschlossene Distanziertheit, die sie durch die Aussage »Das nehm ich dir nicht ab« zum Ausdruck gebracht hatte, war die Entsprechung dessen, was der buddhistische Mönch gesagt hatte, nämlich: »Es ist, wie es ist.«

Sie ließ sich nicht zur Wut hinreißen und konnte daher die noch nicht einmal wenigen Möglichkeiten, die ihr blieben, erkennen. Intuitiv begriff sie, dass ihr Mann in einer tiefen Midlife-Crisis steckte, und sie schlug ihm deshalb vor, eine Auszeit zu nehmen – er könne alles tun, alles, bloß nicht den Kindern und ihr den Schmerz anzutun, sie zu verlassen.

Wenn wir aus der Wut heraus reagieren, beschneiden wir die Möglichkeiten, unser Leben zu gestalten. Wir handeln dann unvernünftig, so dass folgender Mechanismus automatisch in Gang gesetzt wird, wenn die Wut uns überkommt. Es geht nur noch darum, dass wir unsere Wut lindern wollen. Dies ist verständlich, birgt aber die Gefahr des Wiederaufflackerns der Wut, da wir unser Bestreben in der Regel vergessen, wenn wir uns in Rage befinden.

Wie auch immer, wenn wir an unserer Wut festhalten oder, wie die Buddhisten es nennen, »den Groll hegen und pflegen«, zementieren wir ihn jedenfalls fest, bis er uns dauerhaft einschränkt. Wir berauben uns damit auch besserer Möglichkeiten – und das gilt nicht nur für die gegenwärtige Situation, sondern auch für zukünftige. In der Volkswirtschaft spricht man in einem solchen Fall von »entgangenem Nutzen«, dem Nutzen, den wir hätten haben können, wenn wir unsere Zeit, unser Herz und unseren Verstand in etwas anderes investiert hätten.

Jeder von uns geht mit seiner Wut auf seine ganz eigene Art und Weise um, wobei es sich in der Regel um drei Möglichkeiten handelt:

- **Rückzug**
- **Rache**
- **Märtyrertum**

Wenn mir jemand einen Ziegelstein auf den Fuß fallen lässt, folgt auf den Schmerz sogleich die Empörung. Schließlich darf man erwarten, dass andere mich nicht verletzen, und deshalb kann mich momentan ein saftiger Fluch ablenken. Wichtig ist jedoch, was ich mit meiner Wut anfange. Mein Fuß ist verletzt, und das lässt sich nicht ungeschehen machen. Aber die Dauer meiner Wut und die Art und Weise, wie ich mit ihr umgehe, bestimmen doch erst ihre Auswirkungen auf mein zukünftiges Leben. Ich kann meine Wut in Selbstmitleid umwandeln – »Wenn mir das nicht passiert wäre, könnte ich glücklich sein« – oder sie als Entschuldigung dafür benutzen, mich kurz- oder langfristig von allem *zurückzuziehen*.

Oder ich richte mein Augenmerk auf *Rache*: »Nur wenn ich's ihm heimzahle, kann ich wieder glücklich sein.« Herman Melvilles Roman *Moby Dick* bietet ein sehr schönes Beispiel für eine derart törichte Haltung: Ein ansonsten fähiger, vernünftiger Mensch setzt sein Leben aufs Spiel, um sich an einem Wal zu rächen. In seiner Besessenheit beschwört er Leid und letztendlich sogar den eigenen Tod herauf. Der unglückselige Kapitän Ahab hatte wahrscheinlich noch nie davon gehört, dass »ein gutes Leben die beste Rache« ist.

Auch die Märtyrerhaltung ist eine falsche, in die Irre geleitete Art, Wut zum Ausdruck zu bringen. Jemand, der den Märtyrer spielt, versucht Schuldgefühle oder ein Gefühl der Verpflichtung bei seinem Gegenüber auszulösen, um ihn auf diese Weise zu manipulieren. »Es ist schon in Ordnung, dass du nicht angerufen hast, als du angekommen bist. Ich konnte bloß die ganze Nacht kein Auge zumachen.« Wenn wir uns für die Märtyrerhaltung entscheiden, wird unser Leben bald nach folgendem Muster verlaufen: »Warum passiert so etwas immer nur mir, ich bin doch so ein guter Mensch?« Diese Sicht der Dinge färbt auf alles, was uns widerfährt, ab, so dass selbst wohlmeinende Gesten als feindselig aufgefasst werden. Es ist wahrhaftig nicht einfach, eine Liebesbeziehung mit einem Märtyrer zu führen.

✦ **ÜBUNG:** Verpasste Chancen

Schreiben Sie auf, welche Chancen Ihnen entgangen sind, weil Sie sich nur darauf konzentriert haben Ihrer Wut Luft zu machen oder weil Ihre Wut zu einem dauerhaften Bruch in einer Beziehung geführt hat.

Wut erzeugt ein schlechtes Karma

Nach buddhistischem Verständnis bleibt nach einem Wutausbruch Energie zurück, die auch dann noch vorhanden ist, wenn die Ursache für die Wut längst beseitigt ist. Aus diesem Grund ist es hilfreich, die Wut und die damit verbundenen Möglichkeiten ihrer Verarbeitung vom buddhistischen Verständnis des *Karma* aus zu betrachten. Das Wort wird oft falsch verwendet – und ist mit seinen vielen Bedeutungen nicht einfach zu verstehen. Wörtlich bedeutet *Karma* Wirken, Tat, doch es bezieht sich auf das Gesetz von Ursache und Wirkung. Der Dalai Lama versteht unter *Karma* »sowohl unsere Taten als auch deren Wirkung«.

»Wenn wir vom Karma des Tötens sprechen« schreibt er in *An Open Heart*, »bestünde die Tat darin, einem anderen Menschen das Leben zu nehmen. Die weitreichenden Folgen dieser Tat, die ebenso Teil des Karma des Tötens sind, sind das damit verbundene Leid für das Opfer und für die Menschen, die das Opfer geliebt haben und auf es angewiesen waren. Das Karma dieser Tat beinhaltet aber auch bestimmte Wirkungen auf denjenigen, der getötet hat.« Ganz gleich, wie gerechtfertigt das Töten war, könnte die karmische Wirkung auf den, der getötet hat, darin bestehen, dass er, nachdem er einmal getötet hat, einen geringeren Auslöser benötigt, um ein weiteres Mal zu töten.

Deepak Chopra sagte dazu: »Karma ist sowohl Tun als auch Folge dieses Tuns; es ist gleichzeitig Ursache und Wirkung, weil jede Handlung eine Energie erzeugt, die zu uns zurückkehrt… Jeder von uns kennt die Redewendung: ›Wie man in den Wald hineinruft, so schallt es heraus.‹ Wenn wir in unserem Leben glücklich sein wollen, müssen wir also lernen, die Samen des Glücks zu säen. Und deshalb bedeutet Karma letztendlich den Vorgang der bewussten Entscheidung.«

Zu jedem Zeitpunkt in unserem Leben verfügen wir über eine schier unendliche Anzahl von Wahlmöglichkeiten. Wir können selig oder depressiv und alle Abstufungen dazwischen sein. Wir können bewusst leben oder blind unseren Trieben folgen. Wir können unsere Arbeit mit Begeisterung oder mit Widerwillen verrichten. Wenn wir allerdings nur aus der Wut heraus handeln, schrumpft der üppig gedeckte Tisch der Möglichkeiten zu einer armseligen Bettlerschale zusammen.

Wenn wir im Verkehr ständig aufbrausen, ist die Wahrscheinlichkeit, einen Unfall zu verursachen, sehr viel größer, wodurch sich auch die Anlässe für neue Wutausbrüche vervielfachen. Wenn wir unseren Chef ablehnen und nachlässig arbeiten, könnten wir entlassen werden, was natürlich wiederum neuen Anlass für Wut und Groll gibt. Wenn wir immer der oder die Dominante in einer Beziehung sein wollen, brauchen wir uns nicht zu wundern, wenn wir nicht mehr geliebt werden. Die Liste ließe sich beliebig fortsetzen. Wir schaffen so absichtlich, wenn auch unbewusst, die Voraussetzungen dafür, dass wir uns genau der Dinge berauben, die wir haben wollen.

Wir können nicht nur zulassen, dass die Wut unsere Möglichkeiten einschränkt, wir können auch beschließen, uns nicht von ihr beherrschen zu lassen. Wenn jemand oder ein Vorfall am Arbeitsplatz Sie sehr verärgert hat, gehen Sie wütend nach Hause. In diesem Augenblick stehen Ihnen mehrere Möglichkeiten offen. Sie können Ihrer Frau sagen, dass Sie in Ruhe gelassen werden wollen, während Sie über den Ereignissen des Tages brüten, schweigend am Abendbrottisch sitzen und sich dann vor den Fernseher verziehen, um ganz allein ein Fußballspiel anzuschauen. Sie könnten Ihrer Frau aber auch sagen, dass Sie einen anstrengenden Tag im Büro hatten und jetzt froh sind, bei ihr zuhause zu sein. Falls sie hören will, was passiert ist, sind Sie bereit, ihr davon zu erzählen. Oder Sie könnten sagen: »Meine Güte, hatte ich einen lausigen Tag heute, aber ich will gar nicht mehr dran denken. Lass uns essen gehen und uns dann den Film anschauen, von dem du erzählt hast.« Auch wenn diese Möglichkeiten naheliegend erscheinen, sind wir uns aufgrund unserer eingefahrenen Verhaltensmuster dieser Möglichkeiten vielleicht nicht bewusst. Aber es ist Ihre Entscheidung, wie Sie mit der Situation umgehen.

An jeder Wegkreuzung bieten sich uns viele Möglichkeiten. Wir können kreativ sein, authentisch, können unsere ureigenen Ziele verfolgen. Wichtig ist, dass wir unsere Möglichkeiten nicht nur als Entweder-oder begreifen, sondern als eine Fülle von Möglichkeiten und Chancen.

Entscheiden Sie

Wir haben nicht nur die Wahl zu entscheiden, was wir tun, wenn wir wütend sind – ob wir unsere Wut zeigen oder nicht, und wenn ja, wie –, sondern wir können auch entscheiden, nicht wütend zu sein. Die Überzeugung, dass unsere Wut von einem anderen ausgelöst wird und deshalb außerhalb unserer Kontrolle liegt, ist so tief in uns verwurzelt, dass es schwer ist, nicht zu sagen: »Mann, hat die mich wütend gemacht!« Wir glauben, dass ein anderer, aus welchen Gründen auch immer, in unsere Intimsphäre eingedrungen ist und wir die unschuldigen Opfer sind.

Wenn Sie wütend werden, heißt das, dass etwas nicht in Ordnung ist. Aber wenn Sie nicht von einem Asteroiden getroffen werden oder Opfer eines grundlosen Überfalls geworden sind, weil sie zur falschen Zeit am falschen Ort waren, ist Ihre Wut eher ein Zeichen von Verteidigung (Sie haben Auslöser) oder eine Aufforderung zu überlegen, was Sie zur augenblicklichen Situation beigetragen haben. Bevor Sie dieses Buch in die Hand genommen haben, hielten Sie es wahrscheinlich nicht für möglich, dass man nicht zwangsläufig wütend werden muss, aber inzwischen sollte Ihnen klar sein, dass Sie sehr wohl entscheiden können, ob Sie wütend werden oder nicht.

Ein Freund erzählte mir, dass seine Frau, als er eines Tages in finanziellen Schwierigkeiten steckte, eine ausgedehnte Einkaufstour machte und an einem einzigen Wochenende 20 000 Dollar ausgab. Als er davon erfuhr, war er so aufgebracht, dass er sich scheiden lassen wollte. Aber dann dämmerte ihm, dass er ihr als »starker Mann« gar nichts von seinen finanziellen Schwierigkeiten erzählt hatte. Als er ihr die Lage erklärte, bot sie an, alles zurückzugeben, was zurückgegeben werden konnte. Zum Glück stammte fast alles aus einem Geschäft, das Gekauftes zurücknahm. Dass der Mann seine Wut gezügelt, seiner Frau die Lage erklärt und gemeinsam mit ihr nach einer Lösung gesucht hatte, schweißte sie nur noch stärker zusammen.

Auch wenn Sie keine Schuld trifft, ist die Entscheidung, nicht wütend zu werden, die vorteilhafteste, so wie es im Fall von Laura Munson war. Monatelang musste Laura das ablehnende und wankelmütige Verhalten ihres Mannes ertragen. Und dann kam sie eines Tages nach Hause und traf ihn beim Rasenmähen an. Er war wieder da. Laura Munson kommt Ihnen vielleicht wie eine Heilige vor. Aber sie war keine Heilige; sie war einfach nur klug.

»Mein Mann wollte mir die Schuld dafür geben, dass er litt und alles auf mir abladen, was ihn bedrückte.« Aber Laura ist nicht darauf eingegangen und auch nicht wütend geworden. Und es hat funktioniert.

✦ DOCH NICHT SCHULDLOS?

Können Sie sich an einen Vorfall erinnern, egal ob klein oder groß, wo Sie wütend waren und sich dabei vollkommen schuldlos fühlten? Möglicherweise haben Sie sich sogar Ihrer Entrüstung hingegeben und gesagt: »Ich will Ihnen mal sagen, was dieser Mistkerl mir angetan hat.« Lassen Sie jetzt den Vorfall noch einmal Revue passieren und überlegen Sie, ob Sie mit dem, was Sie inzwischen über die Motive anderer Menschen wissen, irgendetwas anders machen würden, um das Problem besser zu lösen.

Wollen Sie es mit dem ganzen Universum aufnehmen?

Im Kapitel »Geben und Nehmen« haben wir uns mit der buddhistischen Sichtweise beschäftigt, die davon ausgeht, dass alles im Universum in einem komplexen Netz von Ursache und Wirkung miteinander verbunden ist. Das bedeutet, dass alles, was jemals passiert ist und irgendwo im Universum jetzt passiert, Einfluss auf den momentanen Augenblick hat. Alles, angefangen vom großen Knall, der durch die Bewegungen der ersten Amöbe im Schlamm ausgelöst wurde, über die Dinosaurier, deren Aussterben,

Kolumbus (oder ein anderer), der Amerika entdeckt hat, bis hin zu dem, was Sie gestern und gerade eben noch getan haben *plus* dem Flügelschlag des Schmetterlings in Brasilien, die ersten Tautropfen auf dem Mars und dem, was der Ururgroßvaters Ihres Gegenübers vor Hunderten von Jahren getan hat, all das zusammen erschafft den momentanen Augenblick. Wenn wir also das, was uns das Leben zugeteilt hat, als gerecht oder ungerecht einstufen, nehmen wir es in der Tat mit dem ganzen Universum auf. Und unsere Aussichten, dass wir diese Schlacht gewinnen, stehen wirklich nicht gut.

Wenn wir gegen das, was uns widerfährt, wettern, vergessen wir zwei wichtige Dinge. Das erste ist, dass wir gar nicht wissen können, ob das, was uns widerfährt, gut für uns ist, und das zweite ist, dass wir es nicht ändern können. Die Frage lautet also nicht, ob wir das, was geschieht, gut finden, sondern ob wir begreifen, dass das, was geschieht, unveränderlich ist.

Aber wir *können* entscheiden, wie wir reagieren. Ebenso wie alles, was jemals geschehen ist und geschieht und den momentanen Augenblick beeinflusst, wird das, was wir *jetzt* denken, tun oder sagen, das gesamte vergangene, gegenwärtige und künftige Universum beeinflussen. Wenn Ihnen das, was gerade geschieht, nicht gefällt, haben Sie die Wahl, die nächste Folge in der Seifenoper Ihres Lebens im Kleinen wie im Großen zu verändern. Mit Hilfe unserer Intelligenz sind wir in der Lage, anders zu handeln als nur aufgrund unseres Instinkts und unserer Gewohnheit. Intelligenz ist das mächtigste Mittel der Wahl. Wut lähmt den Verstand und begrenzt auf diese Weise unsere Möglichkeiten. Wenn wir allerdings unsere Intelligenz nutzen und uns entscheiden, nicht aus Wut oder Gewohnheit zu handeln, erhöhen wir die Chancen, dass sich künftige Ereignisse zu unseren Gunsten ereignen.

Der Psychoanalytiker Willard Gaylin schreibt dazu in *Talk Is Not Enough:* »Das Wissen, dass wir unser eigenes Leid erschaffen können, ist sehr beruhigend. Es deutet nämlich an, dass wir keine passiven Opfer sind. Wir sind nicht ohnmächtig.« Die Macht, mit der wir möglicherweise genau jetzt unser eigenes Leid erschaffen, können wir ebenso gut nutzen, um unser Glück zu erschaffen.

Aus Wut wird Mitgefühl

Die Wut in den Griff bekommen

Dann kann sich die rohe, neutrale Energie der Wut, die sengende Flamme des Zorns, die Macht des »friedlichen« Atoms in ein Machtwerkzeug verwandeln. Es kann das Haus wärmen, die Finsternis erhellen, die Fesseln der Unwissenheit niederbrennen. Mitgefühl kann sich dieses lodernde Feuer zunutze machen, um das Leid anderer zu mildern. Wut dagegen reißt das Feuer an sich, um zu zerstören. Aber … wir werden dieses Feuer mit Weisheit handhaben und es zu einem guten Ende führen.

Robert Thurman

Selbst in alltäglichen Situationen ist Wut oftmals irrational, entlädt sich in gewohnheitsmäßigen Handlungen und zerstört unser eigenes Glück. Dieses Buch begann mit der Geschichte von der *Kuh in der Parklücke,* mit der das Phänomen Wut verdeutlicht werden sollte – wie sie in uns aufsteigt, wie sehr wir in ihren Ursachen und Bedingungen gefangen sind, aber auch, wie wir der starken Gedanken und Gefühle Herr werden können, die zu Unzufriedenheit bei uns und bei anderen führen.

Der nächste Schritt auf dem Weg zur Umwandlung der Wut in Mitgefühl klingt wie ein riesiger Sprung, und das ist er in der Tat. Ein solches Vorgehen unterscheidet sich so grundlegend von unserer »normalen« Denkweise und unseren üblichen sozialen Normen, dass es ziemlich unwahrscheinlich und übertrieben optimistisch erscheint. Wie kann also eine solche Umwandlung vor sich gehen? Wo fängt sie an?

Lassen Sie uns zum Parkplatz zurückkehren. Fast immer, wenn ich die Frage stelle: »Warum macht der Jeepfahrer Sie wütend, die Kuh aber nicht?«, bekomme ich zu hören, dass der Jeepfahrer absichtlich gehandelt habe, die Kuh jedoch nicht. Aber können wir denn, wo wir jetzt wissen, in welchem Ausmaß unsere Gedanken und Handlungen durch Konditionierung und Gewohnheit beeinflusst sind und wir darüber hinaus wissen, dass die meisten Menschen im Allgemeinen unbewusst durchs Leben gehen, mit Sicherheit davon ausgehen?

Der erste Schritt bei der Umwandlung von Wut ist deshalb ein Blick auf die sogenannte Absicht. Im Grunde war dem Jeepfahrer, der nur daran dachte, sich den erstbesten Parkplatz zu sichern, höchstwahrscheinlich gar nicht bewusst, dass Sie bereits gewartet haben. Oder vielleicht haben sogar Sie, weil Sie aus der anderen Richtung gekommen sind, nicht bemerkt, dass er eigentlich vor Ihnen da war. Und wäre es nicht ein Fall von Gedankenlesen, anzunehmen, dass er Ihnen Böses wollte? Höchstwahrscheinlich war er der Meinung, er habe so viel Recht auf den Parkplatz wie jeder andere auch, und dann haben Sie mit Ihrem Hupen einen Auslöser betätigt. Mit dieser aggressiven Geste sind Sie im Grunde mitverantwortlich für das Geschehen. Die Grenzen zwischen absichtlich und unabsichtlich sind also nicht so eindeutig, wie wir gerne glauben wollen. Vielleicht glauben wir zu wissen, was ein anderer Mensch denkt, aber in der Regel wissen wir es nicht.

Der zweite Schritt auf dem Weg zum Mitgefühl ist, dankbar für das zu sein, was man hat. Seien Sie dankbar dafür, dass die Auseinandersetzung nicht eskaliert ist. Er hätte Ihren Wagen beim Einparken rammen können. Genauso gut hätte er aussteigen und Sie tätlich angreifen können. Und noch ein positiver Aspekt: Sie haben Ihre Wut unter Kontrolle gehalten und sich nicht von ihr zum Ausrasten verleiten lassen. Sie sind gelassen geblieben, was überhaupt das größte Geschenk ist, das wir uns selbst machen können. Sie haben die glühend heiße Kohle nicht in die Hand genommen.

Außerdem ist es ein Segen, dass die Begegnung mit

diesem unhöflichen Menschen so kurz war. Wir mussten uns nur wenige Minuten mit ihm befassen, wohingegen er rund um die Uhr mit sich auskommen muss. Wir haben die Wahl, die Wut loszulassen. Er dagegen schäumt vielleicht, weil Sie die Unverfrorenheit besessen haben, zu hupen.

Inzwischen sollte es einfacher sein, den dritten Schritt zu tun, der darin besteht, ihm Mitgefühl entgegenzubringen. Wenn wir beschließen, die Wut nicht auszuleben, weil sie vielleicht auf uns zurückfällt oder weil sie uns nicht wirklich froh macht, ist das ein guter Anfang. Wenn wir jedoch Mitgefühl für diejenigen empfinden, die unserer Meinung nach die Verursacher der Wut sind, wird dies unsere mitfühlende Haltung ihnen und der Welt gegenüber stärken und nicht das aggressive Verhalten und die Abhängigkeit von der Wut. Am besten fangen wir damit an, uns das Leben des Jeepfahrers bildlich vorzustellen. Wir wissen bereits, dass er sich in den Klauen seiner Wut befindet, mit allem Leid, das damit einhergeht. Er ist geneigt, sein Verhalten in die übrigen Bereiche seines Lebens mitzunehmen, mit allen vorhersehbaren Folgen. Wenn sein erster Impuls, sich auszudrücken, Wut ist, dann ist anzunehmen, dass ihm nichts im Leben leichtfällt.

Wir können das Ganze aber auch von einer anderen Warte aus betrachten. Ist er wirklich so anders als Sie? Sie könnten darüber nachsinnen, dass der Jeepfahrer genauso wie Sie nur glücklich sein will. Vielleicht ist er – ebenfalls wie Sie – in der Regel höflich, aber in dem Moment hat eine Reihe von Konditionierungen bei ihm dazu geführt, dass er seiner Wut erlegen ist. Vielleicht hatte er einen gewalttätigen Vater, der dafür gesorgt hat, dass er sich so aggressiv verhält.

In einer Zen-Parabel ist von einem weisen Mann die Rede, der nachhause kommt und dort einen Dieb vorfindet. Der Dieb ist wütend, weil es nichts zu stehlen gibt. Der weise Mann hat Mitleid mit dem Dieb und bietet ihm seine Mönchskutte an. Der Dieb wirft das zerschlissene Kleidungsstück zu Boden und stürmt wütend in die Nacht hinaus. Als der weise Mann nach draußen geht und sich hinsetzt, erscheint der Mond am Himmel. »Armer Mann«, sagt er, »was für ein Jammer, dass ich ihm nicht den Mond geben konnte.«

Setzen Sie sich hin, und lassen Sie sich die Szene auf dem Parkplatz noch einmal durch den Kopf gehen. Der Jeepfahrer hat sein Bestes gegeben, um nach dem »Diebstahl« auch noch beleidigend zu werden. Vergessen Sie die Wut, die Sie im ersten Moment verspürt haben, und stellen Sie sich stattdessen sein Leben vor. Folgen Sie dem Beispiel des weisen Mannes in der Zen-Parabel, und bieten Sie ihm den Parkplatz an. Und hoffen Sie, dass er in seinem Anfall von Wut überhaupt in der Lage ist, Zufriedenheit in der Begegnung zu finden.

Vergebung

Natürlich ist der Verlust eines Parkplatzes ein Klacks verglichen mit dem vielen Elend, das es auf der Welt gibt. Täglich werden Menschen getötet, entweder absichtlich oder durch die Nachlässigkeit anderer. Für diejenigen, die sie lieben, sind solche Taten möglicherweise unverzeihlich, doch es gibt auch Menschen, die vergeben können. Einige Angehörige der Opfer des Bombenattentats von Oklahoma 1995 haben dem Täter, Timothy McVeigh, vergeben und nicht gewollt, dass er hingerichtet wird.

Die Chinesen sind in Tibet einmarschiert. Sie haben viele Menschen gefoltert und getötet sowie alte buddhistische Klöster und andere Schätze einer einzigartigen Kultur zerstört. Trotz der fortgesetzten Zerstörung rezitiert der Dalai Lama täglich Sutras zum Wohle derer, die diese Taten begangen haben.

Es gibt glücklicherweise unzählige Möglichkeiten, Wut in Mitgefühl zu verwandeln. Aber geben Sie sich keiner Täuschung hin. Ihre Wut auf den Menschen, der Ihnen absichtlich Böses sowie körperliches oder seelisches Leid zugefügt hat, in etwas Positives zu verwandeln, ist schwer. Dennoch verfügen wir über eine anschauliche Methode, um dies zu erreichen. In seinem wunderbaren Werk mit dem Titel *Leitfaden für die Lebensweise eines Boddhisattvas* erklärt der indische Weise Shantideva, der im achten

Jahrhundert gelebt hat, detailliert, warum und wie wir dies tun sollten.

Im Buddhismus ist Wut keine Sünde im Sinne eines Verstoßes gegen ein christliches Gebot oder ein Gesetz, sie gilt vielmehr als emotionale Abhängigkeit. Wut entsteht, wenn Verärgerung, Verstimmung, Missbilligung oder noch stärkere Empfindungen plötzlich zu einem unwiderstehlichen Impuls werden, der sich auf schädliche Art und Weise gegen die Quelle dieser Gefühle richtet. »Sie ›drücken Ihre Wut nicht aus‹, sondern Sie sind zum unfreiwilligen Instrument Ihrer Wut geworden«, sagt Robert Thurman. »Das Gegenteil von Wut ist Liebe und Mitgefühl, der Wille, anderen zu helfen, frei von Leid und glücklich zu sein.« Das ähnelt dem Ideal, nach dem christliche Heilige und die erleuchteten Wesen, die im Buddhismus *Arhats* genannt werden, streben.

Thurman vertritt jedoch die Meinung, dass es von uns einfachen Sterblichen zu viel verlangt wäre, wenn wir von Wut und Hass sofort auf Mitgefühl und Liebe umschwenken sollten. Dazwischen liegen nämlich Toleranz und Vergebung. Der Vorsatz muss also lauten, diese beiden Tugenden zu üben.

Bei der Entstehung von Wut gibt es einen Augenblick, in dem wir eingreifen können, bevor wir von der Wut übermannt werden. Shantideva beschreibt diesen Moment folgendermaßen:

Wut findet ihre Nahrung in der geistigen
Unzufriedenheit,
die ich empfinde, wenn ich mit Unerwünschtem
und nicht Erreichtem konfrontiert bin;
dann explodiert sie und überwältigt mich.

»Der Trick dabei ist«, schreibt Thurman, »diese Unzufriedenheit mental, verbal und körperlich anzugehen, der Situation energetisch zu Leibe zu rücken, bevor man explodiert, die Kontrolle über die Wut verliert und damit zu ihrem Werkzeug wird.« Manchmal können wir tatsächlich den Verlauf der Dinge ändern. Wenn Sie feststellen, dass sich auf dem Weg zur Arbeit ein Verkehrsstau bildet, könnten Sie abbiegen und auf einem anderen Weg zur Arbeit fahren. Wenn Sie spüren, dass sich jemand an Ihrer Handtasche zu schaffen macht, könnten Sie sich schnell umdrehen und verlangen, dass der Taschendieb Ihnen Ihre Geldbörse wiedergibt. Doch oftmals ist so etwas nicht möglich. Dann muss man einen Augenblick innehalten und die Sache von einer höheren Warte aus betrachten. Wenn es keinen Ausweg aus der Situation gibt, warum dann der Frustration auch noch Wut hinzufügen?

Es gibt drei Methoden, mit denen Sie arbeiten können, wenn die Wut in Ihnen aufsteigt. Thurman nennt diese Methoden »tolerante Geduld«, »einsichtige Geduld« und »verzeihende Geduld«.

Die erste, die »tolerante Geduld«, bedeutet laut Pema Chödrön, »der Einstellung zur Unzufriedenheit eine andere Bedeutung zu verleihen«. Wenn Sie Ihren Schmerz aushalten können – den Schmerz, der entsteht, weil Sie keine Vergeltung üben und keine Aggression zurückgeben –, dann entwickeln Sie langsam eine Toleranz, die zur Freiheit führt. »Laufen Sie nicht weg vor der angestauten Weißglut, dem Drang zu verletzen, zu schreien, zu schlagen, jemandem die Schuld zu geben«, schreibt sie in *Don't Bite the Hook*. Halten Sie den süchtig machenden Drang aus, der dafür sorgt, dass Sie jemanden anschreien, das Glas an den Mund führen oder in andere Süchte verfallen wollen, und Sie werden ihn bremsen. Wenn Sie dabei ruhig bleiben und sich nicht hineinsteigern – »Dieser Mensch ist unmöglich, ich werde nicht zulassen, dass er mich schikaniert« –, werden Sie feststellen, dass das Gefühl sich verflüchtigt und irgendwann ganz verschwindet. Es gibt sogar wissenschaftliche Beweise dafür, dass die Lebensdauer eines Gefühls nicht mehr als anderthalb Minuten beträgt. »Danach müssen wir das Gefühl wiederbeleben, wenn es weiter andauern soll«, schreibt Chödrön.

Shantideva rät, mit kleinen Dingen zu beginnen, damit man es später mit den größeren aufnehmen kann: »Wenn ich kleine Unannehmlichkeiten ertrage, übe ich mich im Umgang mit großen Widrigkeiten.«

Aber was sind das für »kleine Unannehmlichkeiten«? Shantideva spricht von Insektenstichen und Schlangenbissen, von Hunger- und Durstgefühl sowie von Hautreizungen. Heutzutage begegnen uns die kleinen Ärgernisse und Scherereien, die ein tibetischer Lehrer die »bourgeoisen Leiden« nennt. Man kann sich üben im Ertragen von kleinen Ärgernissen: wenn zum Beispiel jemand übermäßig laut in sein Mobiltelefon schreit, wenn man den »Computerblues« hat, wenn man schier endlos in der Telefonwarteschleife hängt, eine lange Schlange im Postamt vor sich hat, wenn das Kindergeschrei im Restaurant nervt, und in allen anderen unzähligen kleinen Belästigungen und Plagen des Alltags.

»Es handelt sich nicht um einen Feldzug gegen das Gefühl«, sagt Chödrön. »Vielmehr wollen wir dadurch unser Herz und unseren Verstand öffnen, damit wir nicht versteinern.« Bequem ist dies nicht, und es erfordert Mut. »Mut ist das Gegenteil von Bequemlichkeit«, sagt sie. Sie sind auf Entzug von Verärgerung und Wut, denn Wut beinhaltet eine Abhängigkeit von Adrenalin, und Sie üben sich in Ausdauer.

Die zweite Methode ist die der »einsichtigen Geduld.« Dabei geht es um die Aufmerksamkeit und Vernunft, mit denen Sie Ihre Einsicht vertiefen, um schließlich Nachsicht zu üben. Wut entwickelt sich immer innerhalb der Vorstellungen und Annahmen, die wir direkt auf die Situation anwenden: Ein anderer hat Schuld oder widerspricht uns oder ist ein schlechter Mensch. Ein Auto bleibt mitten auf der Straße stehen, und wir nehmen an, dass der Fahrer ein rücksichtsloser Idiot ist, der mit dem Handy telefoniert – bis wir sehen, dass er gebremst hat, weil ihm ein Kind vors Auto gelaufen ist.

Als ich vor langer Zeit eine neue Wohnung bezog, wachte ich mehrere Nächte hintereinander auf, weil jemand anscheinend direkt über mir mitten in der Nacht Möbel rückte. Ich ging nach oben und fragte die Person, die an die Tür kam, ziemlich genervt: »Warum rücken Sie mitten in der Nacht Möbel?« Erst da sah ich hinter ihr eine betagte, korpulente Frau mit einer Gehhilfe neben ihrem Bett und begriff. Zerknirscht stammelte ich eine Entschuldigung, und am nächsten Tag stellte ich eine Topfpflanze vor ihre Tür. Und sie machte sich zusammen mit ihrer Pflegerin die Mühe, ihre Wohnung zu verlassen, um mir eine Schachtel Pralinen zu kaufen. So begann unsere Freundschaft. Und so war auch einmal eine Gruppe von Professoren ziemlich wütend geworden, weil einer ihrer Kollegen während der Abteilungssitzungen immer wieder einnickte. Sie waren der Meinung, er wolle sich lustig machen über sie. Als irgendwann bei ihm die Schlafkrankheit diagnostiziert wurde, begriffen sie, dass er keineswegs unhöflich hatte sein wollen.

Selbst wenn hinter der Tat des anderen eine feindselige Absicht steckt, können wir das große Ganze betrachten und versuchen zu begreifen, dass alle, genau wie wir selbst, das Produkt ihrer Prägungen und Konditionierungen sind, und dass jede Handlung durch eine Vielzahl von komplexen Kräften bestimmt wird. In dem Roman *Wer die Nachtigall stört* der amerikanischen Autorin Harper Lee spuckt der stadtbekannte Trunkenbold Bob Ewell dem Anwalt Atticus Fink ins Gesicht, weil dieser den schwarzen Farmarbeiter verteidigt, der der Vergewaltigung von Ewells Tochter angeklagt ist. Ohne Anzeichen von Hass steht Atticus da und schaut dem Mann ins Gesicht; er weigert sich, an der Eskalation der Gewalt mitzuwirken. Chödrön verweist auf diese berühmte Szene und schreibt: »Es geht hier nicht um einen für sich und unabhängig von anderen stehenden schlechten Menschen. Die ganze amerikanische Südstaatenkultur, seine ganze Lebenseinstellung und seine ganze Vergangenheit haben sich in seiner Spucke gesammelt.« Indem Sie Einsicht üben, können Sie die komplexe Realität einer jeden Situation und ihre Vorbedingungen bedenken. »Handelte es sich lediglich um ein paar böse Menschen, als die Flugzeuge ins World Trade Center geflogen sind«, fragt sie, »oder handelte es sich um eine ganze Reihe von komplexen Ursachen und Bedingungen, die zusammenwirkten?«

Wenn Ihnen jemand ins Gesicht spuckt, meint sie, sollten Sie, wenn Sie schon kein Mitgefühl für den anderen empfinden können, wenigstens für sich selbst Mitgefühl empfinden. Und auf jeden Fall sollten Sie versuchen, nicht wütend zu werden. »Geben Sie sich nicht dem süchtig machenden Drang hin. Führen Sie stattdessen ein kleines Selbstgespräch. ›Dieser Mensch ist total fertig. Dieser Mensch ist im Grunde kein schlechter Mensch, aber er ist total fertig. Warum sollte ich also wütend werden?‹ Wenn Sie trotzdem wütend werden, behandeln Sie Ihre Wut wie einen zeitlich begrenzten Rückfall, wie eine am Himmel vorüberziehende Wolke.« Und lassen Sie sie ziehen.

Die Einsicht hilft Ihnen zu begreifen, dass nicht Ihr »Selbst« gegen einen Feind kämpft, und auch nicht Sie als unschuldiger Mensch gegen einen bösen Menschen. Sobald man das begreift, sagt Thurman, »scheint alles um einen herum plötzlich irgendwie unwirklich und unvorhersehbar, und man ist plötzlich viel flexibler in seinem Verhalten.« Betrachtet man die Dinge aus mehreren Perspektiven, hat man automatisch mehr Geduld.

»Verzeihende Geduld«

Der Weg der Umwandlung von Wut in Mitgefühl ist lange und mühsam, er führt durch Dickicht, zu falschen Abzweigungen, Rückschlägen und Verirrungen. Buddhistische Mönche verbringen ihr ganzes Leben mit Beten und Meditieren, um die Erleuchtung zu erlangen, in der das eigene Ego eins wird mit allen anderen Wesen. Doch auch in unserem Alltagsleben gibt es Techniken, die uns helfen, zu einem tieferen Mitgefühl zu gelangen, selbst für diejenigen, die uns Leid zugefügt haben.

In der Meditation erfahren wir nicht nur die Gegenwart, sondern wir erforschen darüber hinaus das Wesen der Erfahrung sowie deren Entstehung. »Unter Meditation verstehen wir den Prozess der Umwandlung unserer Lebenseinstellung, die durch Instinkte geprägt ist und den Weg des geringsten Widerstandes gehen will«, schreibt der Dalai Lama. »Es ist diese Technik, mit der wir die Macht überkommener Gedanken mindern und gleichzeitig neue entwickeln.« Nach seiner Definition ist Meditation jedoch nicht nur *Zazen*, also die Sitzmeditation, bei der man versucht, den Geist freizumachen, sondern auch die »analytische Meditation«, also die Vorgehensweise, mittels derer wir uns mit neuen Gedanken und Einstellungen vertraut machen. »So wie Pianisten ihre Hände beweglich halten, Sportler ihre Reflexe und Techniken trainieren, Linguisten ihr Ohr und Gelehrte ihre Wahrnehmung, so müssen wir unseren Verstand und unser Herz lenken.« Der ganze Prozess der Erforschung, der Erkundung eines Themas und die Überprüfung durch den Verstand sollte als eine Art Meditation betrachtet werden.

Deshalb ist in gewisser Weise auch die Lektüre dieses Buches Meditation. Aber es reicht nicht aus, einfach nur zu lesen. Buddha selbst sagte: »Heißt nicht etwas gut, nur weil ich es sage.« Wir machen uns seine Lehre zu eigen, indem wir danach handeln und sie so durch eigene Erfahrung erproben – und nur so wird sie für uns wahr.

Wenn wir uns in Geduld und Toleranz üben, stellen wir fest, wie sich eine innere Ruhe in uns ausbreitet, wie sich unsere Umgebung zum Positiven verändert und wie sich bei anderen Respekt einstellt. Wir können Mitgefühl auch erlernen, indem wir das Leid der anderen verstehen und mit ihnen fühlen – ihren »Schmerz spüren«. Doch wahres Mitgefühl zu empfinden, ist nicht leicht. Eines der Symbole für das Mitgefühl im Buddhismus zeigt eine Frau ohne Arme, deren Kind ins Wasser gefallen ist. Wenn wir uns wirklich in die Frau hineinversetzen, empfinden wir ihren tiefen Schmerz.

Folgende Aussage klingt vielleicht widersprüchlich: Mitgefühl bedeutet nicht, dass wir uns opfern oder selbst leiden. Vielmehr wird im Buddhismus die Ansicht vertreten, dass nur ein glücklicher Mensch Mitgefühl empfinden kann. Deshalb müssen wir als Erstes Liebe und Mitgefühl für uns selbst empfinden. Im Buddhismus gibt es den Begriff *Maitri*, ein Wort aus dem Sanskrit, das übersetzt so viel bedeutet wie »bedingungslose Freundschaft mit sich selbst«.

Für uns Menschen der westlichen Welt, die gewohnt sind, Selbstkritik zu üben und ständig nach Vervollkommnung zu streben, ist wahrscheinlich schon der Gedanke an einen solchen Zustand befremdlich. *Maitri* bedeutet, in der Lage zu sein, in sich selbst zu ruhen, mit seinem Geist und seinem Körper eins zu sein, die eigene wesenhafte Tugend zu spüren. Das ist der Samen des Glücks. Wie kann dies nun erreicht werden? Seltsamerweise dadurch, dass man den Schmerz im Leben zulässt. Jeder von uns ist dem unvermeidlichen Schmerz ausgesetzt, der mit dem Altwerden einhergeht, der Angst vor dem Sterben, dem Verlust von Menschen, die uns lieb sind, und es ist nur allzu verständlich, dass man sich diesem Schmerz entziehen will. Wenn wir uns jedoch dem Schmerz stellen und die Verletzlichkeit unseres Herzens ertragen, verspüren wir auch Mitgefühl mit uns selbst.

Pema Chödrön hat einmal gesagt, dass wir erst dann für den Schmerz der anderen offen sind, wenn wir Kummer und Leid am eigenen Leib erfahren haben. Bei ihr hat der Verlust ihrer Mutter dazu geführt, dass sie großes Mitgefühl für unser zweifaches menschliches Leiden empfinden konnte – wir alle müssen sterben und irgendwann müssen wir uns von unseren Lieben verabschieden. Als ihre zweite Ehe in die Brüche ging, verspürte sie plötzlich eine zarte Verbundenheit mit anderen Menschen. »Auf einmal sah ich in den Augen von Verkäuferinnen und Automechanikern, von Bettlern und Kindern unsere Gemeinsamkeit.« Sie berichtet, wie eine Frau, deren Kind gestorben war, großes Mitgefühl hatte mit allen anderen Frauen auf der Welt, die ebenfalls ein Kind verloren hatten. Hier können wir lernen, dass wir uns mit der zarten Verbundenheit, die wir verspüren, mit der Sanftmut und der Verletzlichkeit unserer Herzen, der Liebe und dem Mitgefühl öffnen, wenn wir sie zulassen und uns dem Schmerz, den wir verspüren, nicht verschließen.

Tief empfundenes Mitgefühl entsteht nicht einfach so, aber wir können unser »bourgeoises Leiden« und die kleinen Verluste, die uns in unserem Leben widerfahren, nutzen, um uns auf den Weg zu tieferem Mitgefühl für andere zu begeben. Vor Kurzem wurde ich Opfer eines Taschendiebstahls. Ich glaubte zu wissen, wann und wo es geschehen war. Auf einem dicht gedrängten Gehsteig rempelte mich ein junger Mann an. Er stahl meine Brieftasche, in der sich ungefähr 100 Dollar befunden hatten, dazu meinen Führerschein und meine Kreditkarten. Da im Staate Arizona alle Führerscheine mit der Rentenversicherungsnummer gekennzeichnet sind, fürchtete ich, dass dies ein Fall von Identitätsraub werden könne. In den darauffolgenden Tagen blieb mir nichts anderes übrig, als die Kreditkarteninstitute und andere offizielle Stellen zu informieren und einen neuen Führerschein zu beantragen. Das Gefühl, dass ich den Diebstahl vielleicht hätte verhindern können, wäre ich nur aufmerksamer gewesen – ich hatte den Dieb gesehen und seine Berührung gespürt –, machte mir zusätzlich zu schaffen. Aber anstatt mein Elend durch Verbitterung und Wut noch zu vergrößern, beschloss ich das anzuwenden, was ich durch meine buddhistischen Studien gelernt hatte.

Ich fing an, dem Dieb im Geiste dafür zu danken, dass er mir die Gelegenheit gab, mit meiner Wut zu arbeiten, so wie es Shantideva rät:

Wie ein Schatz, der in mein Haus kommt,
ohne dass ich mich darum bemüht hätte,
sollte ich glücklich sein, einen Feind zu haben,
denn er steht mir bei auf meinem Weg des
Erwachens.

Sodann wandte ich meine Aufmerksamkeit den Motiven und Absichten des Taschendiebs zu, denn ich wollte mehr wissen. Mein erster Gedanke war, dass es sich vielleicht um einen Rauschgiftsüchtigen handelte, der den nächsten Schuss brauchte – oder dass er vielleicht etwas zu essen und eine Unterkunft brauchte, weil er psychisch krank war und Schwierigkeiten hatte, einer geregelten Arbeit nachzugehen. Dann erinnerte ich mich an eine Geschichte, die ich in der Zeitung gelesen hatte, wo ein Räuber die Kassiererin in einem kleinen Lebensmittelgeschäft getröstet hatte, als sie ganz außer sich geriet, weil er ihr eine Pistole an die Schläfe gehalten hatte. Er hatte die 20 Dollar gebraucht, um Lebensmittel für seine Familie zu kaufen, denn er hatte keine Arbeit. Wenn also der Räuber Mitgefühl zeigen konnte, warum sollte ich es nicht auch können? War ich denn so sicher, dass der Taschendieb mein Feind war? Ich stellte mir vor, dass er mich um das Geld gebeten und ich es ihm freiwillig gegeben hätte. Ich erinnerte mich an die Parabel »Der Gebende sollte dankbar sein« und dankte dem Dieb ein zweites Mal, diesmal für die Gelegenheit, dass ich Mitgefühl zeigen durfte.

Wie sich herausstellte, wurde meine Identität nicht geraubt und keine meiner Kreditkarten benutzt. Ich konnte nicht umhin, als meine Erwartungen, dass genau das passieren würde, sowie meine Annahmen über andere Menschen in Frage zu stellen.

Wieder rief ich den Dieb vor mein geistiges Auge und übte mich in dem, was »Den Platz tauschen mit dem Feind« genannt wird. Ich schloss die Augen und versuchte, mich in den Menschen hineinzuversetzen, der mir Schaden zugefügt hatte. Es ist kalt, und ich trage einen Mantel, der nicht wirklich warm ist und auch nicht richtig passt. Ich habe meine Arbeit verloren und stehe seit Stunden an der Ecke, wo sich sogenannte kurzfristig Beschäftigte in der Hoffnung auf Arbeit zusammenfinden. Ich erhalte keinen Job. Mir ist ganz elend zumute, wenn ich daran denke, dass ich mit leeren Händen nachhause zu meiner Frau gehen muss, die den ganzen Tag anderer Leute Häuser und Wohnungen geputzt hat, damit wir für die Kinder etwas zu essen kaufen können. »Schau dir die ganzen reichen Leute auf der Straße an«, sage ich zu mir selbst. »Von denen könnte jeder meine Probleme lösen, ohne leiden zu müssen. Da drüben ist ein alter, gut gekleideter Mann in der Menge, der seine Brieftasche nicht richtig eingesteckt hat. Vielleicht kann ich mir die holen.«

Während ich mich in den Mann hineinversetzte, spürte ich, dass meine Verärgerung über den Verlust meiner Brieftasche im Vergleich zu dem, was er durchmachte, gar nichts war. Unsere Gesellschaft hat es so eingerichtet, dass Menschen wie ich, die eine Universität besuchen und Jura studieren konnten, im Wohlstand leben, während andere kaum genug zum Überleben haben. Während ich seinen Schmerz teilte, verspürte ich Mitgefühl und wünschte, ich hätte ihm das Geld geben können, bevor er sich gezwungen sah, eine Straftat zu begehen. Armer Mann, dachte ich. Unter anderen Vorzeichen hätte ich an seiner Stelle sein können.

Im Alltag reicht es oft schon aus, die Dinge aus einer anderen Perspektive zu betrachten, um Wut in Mitgefühl zu verwandeln. Der Zen-Priester und Shambhala-Lehrer David Schneider erklärt es so: »Erst wenn man Kinder hat, weiß man, wie die Versuchung entsteht, ein Kind zu schlagen (zu wenig Schlaf, Beziehungsprobleme, Kind quengelig, keine Ruhe, kein Platz, um sich zurückzuziehen), und dann versteht man auch, warum man selbst geschlagen wurde, und verzeiht den Eltern, die einen geschlagen haben. Man begreift es, man versteht es. Man lässt es los. Man fühlt sich leichter, sauberer.

Und gleichzeitig erinnert man sich, dass man als Kind quengelig war, ein schlechter Esser, ein Schreier, ein unruhiger Schläfer und so weiter, und man verzeiht natürlich auch dem Kind. Und man wird nachsichtiger und vielleicht klüger, wenn es um die Kleinigkeiten geht, die einem Kind vielleicht aufgezwungen werden.«

Maya Angelou beschreibt in ihrem Buch *Ich weiß, warum der gefangene Vogel singt,* wie sie »den Platz mit dem Feind tauschte«. Als kleines Mädchen beschloss sie, dass sie die erste schwarze Schaffnerin bei den berühmten San Francisco Cable Cars werden würde. Ihr Wunsch wurde durch eine voreingenommene Angestellte zunichtegemacht, die sich weigerte, ihre Bewerbung entgegenzunehmen, obwohl die Firma Stellen ausgeschrieben hatte. Sie ließ nicht locker und bewarb sich weiter, bis sie schließlich eingestellt wurde.

Später stellte sie fest: »Die unglückselige Begegnung hatte nichts mit mir zu tun und auch nichts mit der dummen Angestellten. Der Vorfall war Teil eines Albtraums, der vor vielen Jahren von Weißen ausgeheckt wurde und immer und immer wiederkehrt, um uns heimzusuchen. Die Angestellte und ich waren wie Hamlet und Laertes in der Schlussszene der Tragödie von Shakespeare, die, weil ein Vorfahre dem anderen Vorfahren Leid zugefügt hat, sich bis zum Lebensende duellieren müssen. Aber weil das Stück irgendwo enden muss, habe ich der Angestellten nicht nur vergeben, sondern sie als verwandtes Opfer des gleichen Puppenspielers angesehen.«

Durch ihre Ausdauer und ohne dass sie sich durch Wut hätte beirren lassen, bekam Angelou die Stelle.

Mitgefühl für die Menschen, die uns nahestehen

Die Situation ist viel schwieriger, wenn der Mensch, der die Wut in uns auslöst, ein geliebter Mensch ist. Thich Nhat Hanh widmet in seinem Buch *Ärger* einem Thema ganz besondere Aufmerksamkeit, nämlich der Entfremdung zwischen Mann und Frau. Im Folgenden erzählt er eine Geschichte, die die Macht des mitfühlenden Zuhörens eindrucksvoll beleuchtet.

Ich kannte einmal eine Frau, die sehr litt, weil sie und ihr Mann eine äußerst schwierige Beziehung führten. Sie waren gebildete Menschen; beide hatten studiert. Trotzdem litt auch der Ehemann sehr in der Beziehung. Er befand sich im Krieg mit seiner Frau und seinen Kindern. Alle in der Familie versuchten, ihm aus dem Weg zu gehen, weil er wie eine tickende Zeitbombe herumlief. Seine Wut war gewaltig. Er glaubte, dass seine Frau und seine Kinder ihn verachteten, weil ihm niemand nahe kommen wollte. Aber seine Frau verachtete ihn nicht, genauso wenig wie seine Kinder. Sie hatten vielmehr Angst vor ihm. Ihm nahe zu kommen war gefährlich, denn er konnte jeden Moment explodieren.

Irgendwann war es so weit, dass sich seine Frau das Leben nehmen wollte, weil sie es nicht länger ertragen konnte. Sie glaubte nicht, unter diesen Umständen noch weiterleben zu können. Doch vorher rief sie ihre Freundin an, die eine praktizierende Buddhistin war, um ihr ihren Entschluss mitzuteilen. Ihre buddhistische Freundin hatte sie schon mehrmals zur Meditation eingeladen, um ihr Leid zu lindern, aber sie hatte immer dankend abgelehnt und erklärt, dass sie als Katholikin den Buddhismus weder praktizieren noch ihm folgen könne.

Als die buddhistische Freundin an diesem Nachmittag hörte, dass sie sich das Leben nehmen wollte, sagte sie am Telefon: »Du willst meine Freundin sein, und jetzt willst du sterben. Ich bitte dich nur um eins, und das ist, dass du meinem Lehrer zuhörst. Wenn du wirklich meine Freundin sein willst, dann nimm dir ein Taxi, komm her und hör dir das Band an, und dann kannst du sterben.«

Als die Katholikin eintraf, ließ ihre Freundin sie im Wohnzimmer allein, wo sie sich das Dharma über die Wiederherstellung der Kommunikation anhörte. Währenddessen fand eine große Veränderung in ihrem Innern statt. Plötzlich begriff sie mehrere Dinge. Sie erkannte, dass sie zum Teil selbst verantwortlich war für ihr eigenes Leid und dass auch ihr

Mann ihretwegen leiden musste. Sie begriff, dass sie ihm überhaupt nicht hatte helfen können. Vielmehr hatte sie sein Leiden noch vergrößert, indem sie ihm aus dem Weg gegangen war. Durch das Dharma erfuhr sie, dass sie, um dem anderen zu helfen, mit viel Mitgefühl zuhören musste. Und genau das hatte sie in den vergangenen fünf Jahren nicht getan.

Die Bombe entschärfen

Nachdem die Frau dem Dharma zugehört hatte, fühlte sie sich inspiriert. Am liebsten wäre sie sofort nachhause geeilt, um ihrem Mann durch mitfühlendes Zuhören zu helfen. Aber ihre buddhistische Freundin meinte: »Nein, meine Liebe, nicht heute, denn mitfühlendes Zuhören ist eine sehr tiefgehende Lehre. Du musst dich erst ein, zwei Wochen darin üben, bis du in der Lage bist, wie ein Bodhisattva zuzuhören.« Die Frau lud ihre katholische Freundin zu einer Klausur ein, um mehr zu erfahren.

450 Menschen nahmen an der Klausur teil – sechs Tage lang aßen sie gemeinsam, schliefen gemeinsam und übten gemeinsam. Während der ganzen Zeit übten wir uns in der aufmerksamen Atmung, das heißt, wir machten uns bewusst, wie unser ein- und ausströmender Atem Körper und Geist zusammenfügt. Wir übten das bewusste Gehen, wobei wir jedem Schritt absolute Aufmerksamkeit widmeten. Wir übten das aufmerksame Atmen, Gehen und Sitzen, um den Schmerz in uns zu beobachten und anzunehmen.

Wir Teilnehmer lauschten nicht nur den Dharmas, sondern wir alle übten uns in der Kunst, einander zuzuhören und liebevoll miteinander zu reden. Wir versuchten, mitfühlend zuzuhören, um das Leiden des anderen zu verstehen. Die katholische Frau übte sehr ernsthaft und aufrichtig, denn für sie war dies eine Sache von Leben und Tod.

Als sie nachhause kam, war sie ganz ruhig, und ihr Herz war voller Mitgefühl. Sie wollte ihrem Mann dabei helfen, sein Leid loszuwerden. Sie bewegte sich nur langsam und achtete auf ihren Atem, um ruhig zu bleiben und ihr Mitgefühl zu nähren. Sie übte das aufmerksame Gehen, und ihr Mann bemerkte, dass sie anders war. Als sie sich irgendwann ganz ruhig neben ihn setzte, war es das erste Mal seit fünf Jahren.

Zuerst schwieg sie etwa zehn Minuten lang. Dann legte sie ganz sachte ihre Hand auf die seine und sagte: »Mein Lieber, ich weiß, dass du in den letzten fünf Jahren viel gelitten hast, und es tut mir leid. Ich weiß, dass ich viel Schuld daran habe. Ich habe dir nicht nur nicht geholfen, weniger zu leiden, sondern habe die Situation sogar noch verschlimmert. Ich habe viele Fehler gemacht und dir viel Schmerz zugefügt. Es tut mir so leid. Ich wünsche mir, dass du mir die Möglichkeit gibst, einen neuen Anfang zu machen. Ich habe immer gewollt, dass du glücklich bist, aber ich wusste nicht, wie ich das anstellen soll; deshalb habe ich es Tag für Tag nur noch schlimmer gemacht. Aber so möchte ich nicht mehr weitermachen. Deshalb bitte ich dich, mein Liebling, hilf mir. Ich brauche deine Hilfe, um dich besser verstehen und um dich besser lieben zu können. Bitte sag mir, wie es in deinem Herzen aussieht. Ich weiß, dass du sehr leidest, und ich will es verstehen, damit ich nicht wieder das Falsche tue. Aber ohne dich geht es nicht. Ich brauche deine Hilfe, damit ich dich nicht weiterhin verletze. Ich möchte dich nur lieben.« Als sie so zu ihm sprach, fing er an zu weinen. Er weinte wie ein kleines Kind.

Seine Frau war recht lange ziemlich ungehalten gewesen. Sie hatte ihn nur angeschrien, und jede ihrer Äußerungen hatte zornig und bitter, missbilligend und abwertend geklungen. Sie hatten fast nur noch gestritten. Mit so viel Liebe und Zärtlichkeit hatte sie seit Jahren nicht zu ihm gesprochen. Als sie ihren Mann weinen sah, wusste sie, dass noch nicht alles verloren war. Das Tor zum Herzen ihres Mannes war verschlossen gewesen, aber jetzt öffnete es sich langsam wieder. Sie wusste, dass sie sehr vorsichtig sein musste, weshalb sie sich weiter im aufmerksamen Atmen übte. Dann sprach sie weiter: »Bitte, mein Lieber, sag mir, wie es in deinem Herzen aussieht. Ich möchte wissen, wie ich es besser machen kann, damit ich nicht wieder die gleichen Fehler mache.«

Die Frau ist wie ihr Mann Akademikerin, aber sie litten beide, weil keiner von beiden wusste, wie man dem anderen mitfühlend zuhört. An diesem Abend jedoch war sie wunderbar, denn es gelang ihr, wahrhaft mitfühlend zuzuhören. Der Abend sollte sich als ausgesprochen heilsam für beide er-

weisen. Nach ein paar Stunden waren sie in der Lage, sich zu versöhnen.

Obwohl ein Taschendiebstahl schwerer wiegt als der Verlust eines Parkplatzes, stellt die Geschichte der Frau eine noch viel größere Herausforderung dar. Viele von uns haben sich von ihren Eltern oder Geschwistern entfremdet, von Menschen, die sie lieben oder einst geliebt haben und die in der Lage sind, sie tief zu verletzen. Es ist in der Tat viel einfacher, Missetaten zu vergeben und zu verzeihen, wenn sie von Menschen begangen werden, die wir nicht näher kennen.

Aber selbst in Situationen, in denen unsere Gefühle jahrelang auf Eis liegen, können wir Wut in Mitgefühl umwandeln – sowohl für uns selbst als auch für den Menschen, dem wir uns entfremdet haben. Die außergewöhnliche Heilung in der oben geschilderten Geschichte wurde durch den Leidensdruck der Frau ermöglicht, die sogar mit dem Gedanken spielte, sich das Leben zu nehmen.

Wenn Sie einen Menschen wiedertreffen, von dem Sie sich entfremdet haben, ist Ihr wichtigstes Werkzeug laut Nhat Hanh folgende Art des Zuhörens: »Sie hören nicht zu, um zu werten, zu kritisieren oder zu analysieren. Sie hören nur zu, um dem anderen die Möglichkeit zu geben, sich auszusprechen und sein Leiden zu erleichtern. Wenn man sein eigenes Leid mitteilt, darf man alles sagen, was einem auf dem Herzen liegt – man hat sogar die Pflicht, alles zu sagen, denn der andere Mensch hat ein Recht, alles zu erfahren.« Aber man muss es unter der Voraussetzung tun, geduldig zu sein und ausschließlich freundlich und liebevoll mit dem anderen zu sprechen.

Wenn es Ihnen gelingt, Ihr Leid (mit-)zu teilen und das Leid des anderen zu erkennen, wissen Sie, dass Liebe einen Menschen tatsächlich verwandeln kann. Sie haben sich auf den Weg zu einer spirituellen Erfahrung gemacht, und Sie verspüren ein solch erhebendes Gefühl, wie Sie es vielleicht bisher noch nie kennengelernt haben.

Die Freude, die mit der Umwandlung von Wut in Mitgefühl einhergeht, verändert alles im Leben. Es ist egal, ob Sie Christ, Muslim, Jude oder Atheist sind, die Tür zur Spiritualität hat sich auf eine neue Art und Weise geöffnet. Wenn es Ihnen gelingt, Ihre Wut umzuwandeln, kann ein besserer Mensch aus Ihnen werden, ganz gleich, welcher Glaubensgemeinschaft Sie angehören. Und ich verspreche Ihnen, dass Sie diese Erfahrung gerne wiederholen werden.

Schlussfolgerung

Was passiert, wenn wir unsere Wut loslassen?

Auch wenn wir noch so viel wissen und noch so viel üben, ist es nicht einfach, unsere Wut loszulassen. Sie ist ein angeborenes menschliches Gefühl und ihr haftet immer noch der Aberglauben an, dass sich aus ihr auch Freude und Vorteile gewinnen lassen. Niemand sollte erwarten, frei von Wut zu sein. Trotz des Nutzens, den man erfährt, wenn man seine Einstellung zur Wut ändert, wird die Überwindung derselben höchstwahrscheinlich ein lebenslanger Prozess sein.

Die Wut, die man in sich trägt, ist vergleichbar mit einem lebenslangen Gast im eigenen Haus. Er ist schon so lange bei Ihnen, dass es Ihnen gar nicht in den Sinn kommt, ihn vor die Tür zu setzen. Ihr Gast ist meist unausstehlich und scheint darüber hinaus auch noch die ganze Familie, die Nachbarn, Arbeitskollegen und überhaupt fast jeden zu vergraulen, wenn er sich in Ihre Angelegenheiten einmischt. Dessen ungeachtet haben Sie immer geglaubt, er sei nützlich oder einfach eine gegebene Tatsache.

Aber inzwischen wissen Sie, dass Sie ihn sehr wohl vor die Tür setzen können. Sobald Sie jedoch Anstalten machen, dies zu tun, protestiert er und versucht Sie zu überzeugen, dass Sie ohne ihn nicht leben können – die anderen würden Sie sonst garantiert ausnutzen. Wenn etwas Negatives in Ihrem Leben geschieht, ist er sofort wieder zur Stelle und erklärt, dies wäre nicht passiert, hätten Sie ihn nicht vor die Tür gesetzt. Er überredet Sie vielleicht sogar, ihn wieder bei sich aufzunehmen oder schleicht sich durch die Hintertür ins Haus, und Sie werden ihn immer und immer wieder von Neuem vor die Tür setzen müssen.

✦

Woher wissen Sie aber, ob Ihre Bemühungen, nicht wütend zu sein, belohnt werden? Und was geschieht mit Ihnen, wenn diese Bemühungen von Erfolg gekrönt sind? Die gute Nachricht ist, dass Sie nicht perfekt sein müssen, um einen Nutzen aus Ihren Anstrengungen zu ziehen. Wenn Sie das Ausmaß der Wut in Ihrem Leben reduzieren, werden Sie unter anderem feststellen, dass Sie das, wonach Sie streben, leichter erreichen. Als Sie Ihren Mitmenschen noch mit Wut begegnet sind, haben Sie sie abgewiesen und sich ihrer angeborenen menschlichen Großzügigkeit beraubt. Wenn die Wut abnimmt, kann sich das Buddha-Wesen Ihres Gegenübers entfalten. Und sobald das geschieht, wird man Ihnen helfen wollen.

Trotz aller gegenteiligen Beweise gilt es in unserer Gesellschaft immer noch als Stärke, Wut zu zeigen, und werden Menschen, die sie ablehnen, für Schwächlinge gehalten. Die Leistungen von Mutter Teresa, Martin Luther King Jr., Mahatma Ghandi und Nelson Mandela sprechen jedoch eine andere Sprache.

Die südafrikanische Wahrheits- und Versöhnungskommission, eine Einrichtung zur Untersuchung von politisch motivierten Verbrechen während der Zeit der Apartheid, die von dem Erzbischof und Friedensnobelpreisträger Desmond Tutu geleitet wurde, hat Täter eingeladen, sich ihren Opfern und deren Angehörigen zu erkennen zu geben und ihre im Namen der Apartheid begangenen brutalen Verbrechen zu gestehen. Im Gegenzug sollte ihnen selbst für die schlimmsten Verbrechen Amnestie gewährt werden. Die Kommission basierte auf dem Prinzip *Ubuntu*, was Erzbischof Tutu folgendermaßen erklärte:

> *Ubuntu* ist die Essenz des Menschseins. *Ubuntu* verkörpert vor allem die Tatsache, dass man als Mensch nicht isoliert existieren kann. Dahinter steht unsere Verbundenheit mit allem. Man kann nicht für sich allein menschlich sein, und wenn man diese Eigen-

schaft – *Ubuntu* – besitzt, gilt man als großzügig. Allzu oft nehmen wir uns nur als Individuum wahr, als wären wir getrennt voneinander, dabei sind wir vielmehr immer miteinander verbunden, und was wir tun, hat Auswirkungen auf die ganze Welt. Wenn es uns gut geht, strahlt dies aus und kommt der ganzen Menschheit zugute.

Während der Arbeit der Kommission stellte es sich heraus, dass bei vielen Opfern und Überlebenden der Wunsch nach Rache und Vergeltung abnahm und sogar Vergebung möglich war, wenn die Täter, die ihre Angehörigen getötet, gefoltert und verstümmelt hatten, geständig wurden und Reue zeigten. Sie hatten dadurch plötzlich nicht mehr das Gefühl, machtlos zu sein. Außerdem wurde ihr eigenes, unverdientes Schuldgefühl gemildert. Ein Kind, das mit ansehen musste, wie seine Eltern getötet wurden, erklärte, es begreife nun, dass es nicht verantwortlich sei für ihren Tod und dass es ihn nicht hätte verhindern können. Indem Täter und Opfer ihre gemeinsame Menschlichkeit erkannten, schwanden so Wut und Schuldgefühle.

Obwohl ich Seminare leite und Bücher über die Umwandlung von Wut schreibe, werde ich immer noch wütend. Von Zeit zu Zeit bekomme ich völlig unerwartet einen Denkzettel verpasst, der mich zu meinen Anfängen zurückführt. Als ich vor Kurzem in einem Baumarkt war, um das Material für einen Umbau, den ich zuhause plante, zu erwerben, spürte ich, wie mein Blutdruck anstieg, weil der Verkäufer absolut nicht zu begreifen schien, was ich wollte. Ich dachte: »Wut ist das Einzige, womit ich hier weiterkomme.« Gerade als ich diesen Gedanken in die Tat umsetzen wollte, hörte ich eine Stimme hinter mir sagen: »Wissen Sie, ich habe schon vor zehn Jahren aufgehört, wütend zu werden.« Ich drehte mich um und entdeckte, etwa drei Schritte hinter mir einen etwas über 40-jährigen Verkäufer, der sich im Gespräch mit einem anderen, sehr jungen Verkäufer befand. Der ältere Verkäufer fuhr fort: »Ich habe irgendwann festgestellt, dass es gar nichts bringt, wütend zu werden, im Gegenteil.« Ich begriff und übte mich in Geduld.

Als ich den Vorfall meinem Lehrer Patrick Hawk erzählte, wies mir seine Erklärung den weiteren Weg. »Sobald man seine Bindung an Dinge wie Wut aufgibt«, sagte er, »wird man bewusster, und es öffnen sich Türen zu Dingen, die man sonst vielleicht verpasst hätte. Es kommt einem manchmal übernatürlich vor, aber das ist es nicht. Es ist einfach so.« Ich glaubte zu verstehen, dass es bei dem, was er sagte, nicht nur um den geschilderten Vorfall ging, sondern darum, dass das Universum uns Dinge zuteilt, die wir vielleicht nicht haben wollen, dass es aber auch eine Quelle des Guten und der Freude ist. Wenn wir unbewusst durchs Leben gehen, wird sich das Negative ins Bewusstsein drängen, und das Positive wird durch Prägungen, Wertungen und Ansichten verdeckt.

Wut loszulassen, erfordert Aufmerksamkeit und Entschlossenheit. Die nachfolgende alte indianische Erzählung handelt von diesem nie endenden Kampf:

Eines Abends erzählte ein alter Cherokee seinem Enkel von einem Kampf, der in allen Menschen tobt. Er sprach: »Mein Sohn, der Kampf wird ausgefochten von den beiden ›Wölfen‹ in unserem Inneren.
Der eine ist böse. Er heißt Wut, Neid, Eifersucht, Kummer, Bedauern, Gier, Arroganz, Selbstmitleid, Missgunst, Minderwertigkeit, Lügen, falscher Stolz, Überlegenheitsgefühl und Ego.
Der andere ist gut. Er heißt Freude, Friede, Liebe, Hoffnung, Gemütsruhe, Demut, Freundlichkeit, Güte, Mitgefühl, Großzügigkeit, Wahrheit, Mitleid und Glaube.«
Der Enkel dachte eine Weile über das Gesagte nach und fragte dann: »Und welcher Wolf gewinnt den Kampf, Großvater?«
Und der alte Cherokee antwortete: »Der, den man füttert.«

Ich habe dieses Kapitel mit Absicht »Schlussfolgerung« genannt, denn jetzt ist es an Ihnen, Konsequenzen zu ziehen. Wollen Sie so weitermachen wie bisher, oder wollen Sie einen neuen Weg beschreiten? Die Entscheidung liegt bei Ihnen.

Inzwischen sollten Sie wissen, dass Ihre Erlaubnis, versteckte Wut zu hegen, abgelaufen ist. Stattdessen finden Sie auf Seite 241 eine kleine Karte »Lektüre gegen die Wut«. Wenn Sie möchten, schneiden Sie sie aus, und legen Sie sie für den nächsten Wutanfall, der höchstwahrscheinlich nicht lange auf sich warten lässt, in Ihre Brieftasche. Wenn Sie wütend werden, werfen Sie einen Blick auf die Karte, und stellen Sie sich die Frage: »Will ich wirklich wütend werden?« Lautet Ihre Antwort »Ja«, dann fragen Sie sich: »Warum?« Sollten Sie der Meinung sein, dass der andere Mensch Ihre Wut verdient hat, dann fragen Sie sich, ob *Sie* Ihre Wut verdient haben.

Fällt es Ihnen schwer, Ihre Wut loszulassen, dann empfehle ich Ihnen, das Buch noch einmal von vorne zu lesen, denn es könnte eine ganz neue Bedeutung erlangen, nachdem Sie die darin enthaltenen Lehren angewandt haben. Ich hoffe, dass Sie wenigstens kleine positive Veränderungen bemerkt haben, seit Sie versucht haben, Ihre Wut loszulassen, und dass Sie diesen Weg weitergehen wollen. Wie so oft im Leben müssen wir auch hier immer und immer wieder von Neuem anfangen.

Fast alles, was Sie in diesem Buch erfahren haben, lässt sich in einem einzigen, aussagekräftigen Sutra aus dem *Dhammapada*, der ältesten Sammlung buddhistischer Weisheiten, die auf Buddha selbst zurückgehen sollen, zusammenfassen:

Unser Leben wird von unserem Geist geformt, und wir werden, was wir denken. Leiden folgt einem üblen Gedanken, wie die Räder eines Karrens den Ochsen folgen, die ihn ziehen.

Unser Leben wird von unserem Geist geformt, und wir werden, was wir denken. Freude folgt einem reinen Gedanken wie ein Schatten, der nie weggeht.

»Er war wütend auf mich, er griff mich an, er besiegte mich, er beraubte mich« – jene, die bei solchen Gedanken verweilen, werden nie frei sein von Hass.

»Er war wütend auf mich, er griff mich an, er besiegte mich, er beraubte mich« – jene, die bei solchen Gedanken nicht verweilen, werden sicher frei werden von Hass.

Denn Hass kann nie dem Hass ein Ende setzen;

Liebe allein vermag es. Dies ist ein unabänderliches Gesetz.

Aus *Dhammapada. Buddhas zentrale Lehren*,
eingeleitet und übersetzt von Eknath Easwaran

Danksagung

Susan Edmiston dankt Tensho David Schneider, der sie mit dem Buddhismus vertraut gemacht hat, Shosan Victoria Austin für ihre unerschöpfliche Inspiration und ihre Hilfe bei diesem Buch sowie den Lehrern und der Gemeinschaft des San Francisco Zen Center, deren Weisheit, Gelassenheit und Liebenswürdigkeit in die Welt hinausströmt. Ein herzliches Dankeschön geht an meine Freundin und Agentin Andree Abecassis für ihre wertvollen Ratschläge in der Entstehungsphase des Buches und an meine Agentin Laurie Harper für ihre Beratung in allen Vertragsfragen. Ein besonderer Dank gebührt Ruth Sullivan für die Warmherzigkeit und Geduld bei der Bearbeitung des Buches und Peter Workman für seinen Glauben an das Buch.

Len Scheff dankt John Tarrant und Father Patrick Hawk Roshi.

Quellennachweis

Die Parabeln auf Seite 97, 119f., 148f., 153f. und 169f. stammen aus *Zen Flesh, Zen Bones* von Paul Reps und Ngoyen Sensak. Mit freundlicher Genehmigung von Weatherhill (© 1985 by permission of the publisher, Weatherhill). Ins Deutsche übersetzt von Erna Tom. Das Buch ist unter dem Titel *Ohne Worte – ohne Schweigen. 101 Zen-Geschichten und andere Zen-Texte aus vier Jahrtausenden* auch auf Deutsch erschienen.

Die Zitate von Laura Munson im Kapitel »Wut oder Gelassenheit« stammen aus dem Artikel »Those Aren't Fighting Words, Dear«, erschienen in der New York Times (© 02.08.2009 The New York Times. All rights reserved. Used by permission and protected by the copyright laws of the United States).

Literaturhinweise

Anderson, Reb: *Being Upright. Zen Meditation and the Bodhisattva Precepts*, Berkeley, Calif., Rodmell Press, 2001.

Angelou, Maya: *Ich weiß, warum der gefangene Vogel singt*, Zürich, Unionsverlag, 2000.

Chödrön, Pema: *Don't Bite the Hook. Finding Freedom from Anger, Resentment, and Other Destructive Emotions*, Boston, Shambahala Audio, 2001.

Chödrön, Pema: *The Natural Warmth of the Heart*, Boston, Shambhala Sun, November 2009.

Chodron, Thubten: *Es ist Dein Ärger. Methoden zum Umgang mit starken Gefühlen*, Theseus, 2008.

Dhammapada. Buddhas zentrale Lehren, eingeleitet und übersetzt von Eknath Easwaran, München, Goldmann Verlag, 2006.

Gaylin, Willard: *Talk is not enough. How Psychotherapy Really Works*, New York, Little, Brown and Company, 2000.

Gyatso, Tenzin (Seine Heiligkeit, der 14. Dalai Lama): *An Open Heart*, New York, Little, Brown and Company, 2001.

Gyatso, Tenzin (Seine Heiligkeit, der 14. Dalai Lama): *Healing Anger: The Power of Patience from a Buddhist Perspective*, Ithaka, New York, Snow Lion Publication, 1997.

Gyatso, Tenzin und Howard C. Cutler: *The Art of Happiness*, New York, Riverhead Books, 1998.

Kaviratna, Harischandra: *Dhammapada. Weisheitsworte Buddhas*, Pasadena, Stiftung der Theosophischen Gesellschaft, 1994.

Kornfield, Jack: *Nach der Erleuchtung Wäsche waschen und Kartoffeln schälen: Wie spirituelle Erfahrung des Leben verändert*, München, Goldmann Verlag, 2010.

Loori, John Daido: Zen-Meditation für Anfänger, München, Arkana, 2009.

Mipham, Sakyong: *Den Alltag erleuchten: Die vier buddhistischen Königswege*, München, Deutscher Taschenbuch Verlag, 2007.

Munson, Laura: »Those Aren't Fighting Words, Dear«, erschienen in *New York Times*, 02.08.2009.

Nhat Hanh, Thich: *Ärger: Befreiung aus dem Teufelskreis destruktiver Emotionen*, München, Goldmann Verlag, 2007.

Osho: *Vedanta. Seven Steps to Samadhi Talks on Akshyu Upanishad*, Glastonbury, Rebel Publishing House, 2008.

Reps, Paul und Ngoyen Sensak: *Ohne Worte – ohne Schweigen. 101 Zen-Geschichten und andere Zen-Texte aus vier Jahrtausenden*, München, O.W. Barth, 2010.

Rohe, Fred: *Zen des Laufens*, Saarbrücken, Ryvellus Verlag, 1996.

Shantideva, Geshe: *Leitfaden für die Lebensweise eines Boddhisattvas*, Oberkrämer OT Schwante, Tharpa Verlag, 2003.

Suzuki, Shunryu: *Zen-Geist, Anfänger-Geist. Unterweisung in Zen-Meditation*, Freiburg, Herder, 2009.

Tanahashi, Kazuaki: *Narren. Alte buddhistische Geschichten voller Weisheit und Ironie aus dem Einhundert Parabel Sutra*, Frankfurt, Enso Verlag, 2010.

Tanahashi, Kazuaki: *Essential Zen*, edited by Tensho David Schneider, New York, HarperCollins, 1995.

Tarrant, John: *Licht im Herzen der Dunkelheit*, München, Goldmann, 2000.

Thurman, Robert A.F.: *Anger: The Seven Deadly Sins, New York*, Oxford University Press, 2005.

Thurman, Robert A.F.: *Revolution von innen. Die Lehren des Buddhismus oder das vollkommene Glück*, Berlin, Econ, 1999.

Register